日本の遺跡16

妻木晩田遺跡

高田健一 著

同成社

妻木山43号竪穴住居跡

妻木山地区 T2トレンチ
（縄文時代前期～奈良時代にわたる堆積が確認できる）

妻木晩田遺跡と大山（遺跡は大山北麓の先端部に位置する。写真中央のやや左）

洞ノ原地区復元竪穴住居の内部

洞ノ原地区復元土屋根住居

土屋根に使用する様々な土の実験装置

洞ノ原西側丘陵の復元高床倉庫

目　次

カバー写真　洞ノ原西側丘陵の整備風景
装丁・吉永聖児

妻木晩田遺跡

はじめに

妻木晩田遺跡は、一九九五年から一九九八年にかけて、ゴルフ場開発にともなっておこなわれた発掘調査によって、弥生時代後期を中心とする大規模な集落遺跡であることが判明した。四隅突出型墳丘墓を含む特異な墳墓群、広大な範囲に累々と広がる居住域、丘陵先端を囲んだ特徴的な環壕などの諸要素によって、その重要性が認識された。大山山麓にあって、鳥取県西部の「原風景」ともいえる環境に位置し、日本海や弓ヶ浜を一望できる立地の良さや自然環境の豊かさとも相まって、遺跡全体が貴重な歴史的財産である。さいわいにも多くの市民、研究者らに支えられ、事業者や関係機関の協力を得て一九九九年全面保存され、国の史跡指定を受けることができた。

二〇〇〇年四月の一般公開以来、六年目を迎えた。この間に初期整備事業として、さまざまな公開、活用事業を進めるとともに、集落像の解明に向けた計画的な調査をおこなってきた。現在もこれらの活動は継続中で、今後さらにステップアップが図られる予定である。

本書では、現時点までの調査成果を紹介し、あらためて妻木晩田遺跡の意義や魅力を述べたいと思う。かならずしもすべてを汲み上げられたわけではないが、できるだけ妻木晩田遺跡に住み暮らした人びとの姿が見えるよう心がけた。

妻木晩田遺跡は、単に弥生時代だけでなく、現代までに人がさまざまな形で関与し形成された遺跡である。この歴史を踏まえるならば、未来に向かっても、さまざまな人びととのかかわりの舞台であって欲しい。本書がそれに貢献できるところがあるとすれば、これ以上の喜びはない。

Ⅰ　遺跡の位置と地理的、歴史的環境

1　妻木晩田遺跡の位置と名の由来

妻木晩田遺跡は、中国地方の最高峰、大山（標高一七二〇メートル）の北麓に位置し、大山の寄生火山である孝霊山（標高七五一メートル）から北西方向に派生する通称「晩田山丘陵」（標高九〇～一五〇メートル）の尾根上に展開する（図1）。丘陵は東西約二キロ、南北約一・五キロの大きさで、そのうちおよそ一五二ヘクタールが史跡に指定されている。遺跡は米子市（旧淀江町域）と大山町とにまたがって存在し、全体の九割を大山町、一割を米子市が占める。

妻木晩田遺跡を何の予備知識もなしに「むきばんだいせき」と読める人はすくないだろう。遺跡の名前は、所在地の大字と小字でつけることが慣例となっているが、妻木晩田遺跡の名前もそれにしたがってつけられている。すなわち、西伯郡大山町妻木字晩田は、遺跡のちょうど中央、現在展示室が建てられているあたりの地名である。

「晩田」の小字名は、同じ丘陵内で米子市淀江町福岡字晩田もある。一般に「晩田山」とよばれるのは、淀江町側からの呼称であり、「妻木山」

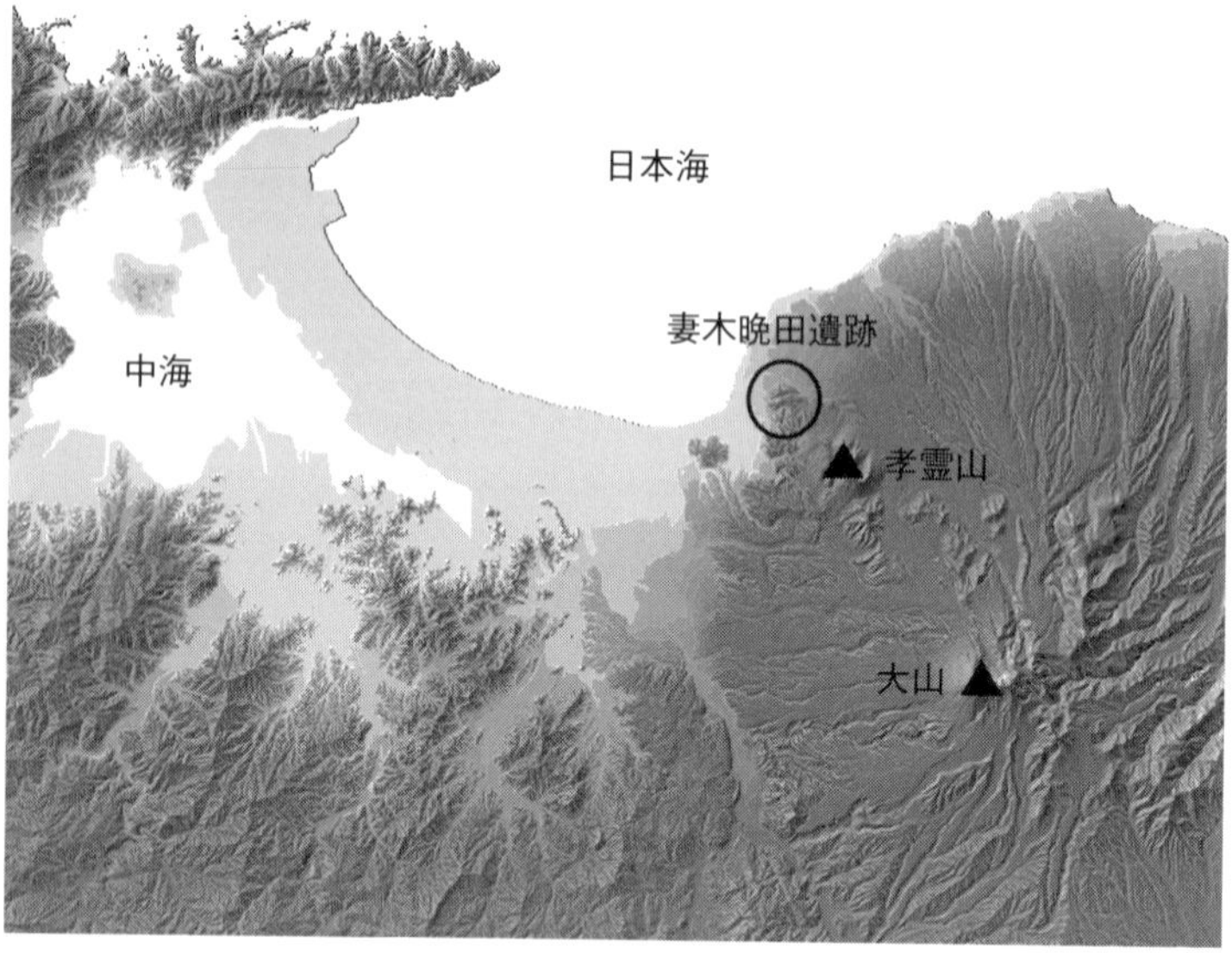

図１　妻木晩田遺跡位置図
（カシミール３Ｄ使用　http://www.kashmir3D.com）

とよばれるのは、遺跡の北側にある大山町妻木の側からの呼称であるようだ。同じ丘陵の二つの呼称をあわせても妻木晩田となり、当初はこの意味で妻木晩田遺跡群とよばれていた。

「妻」の字を「む」とは読めないが、元は文字通り「つまき」と読んだという説がある。江戸時代に採集された古い説話では、当地で生まれた女子が都に上って光仁天皇（在位七七〇～七八〇年）の目にとまり、女御となった。以後、当地は夫役を免ぜられ、天皇から賜った歌にちなんで妻来（つまき）里と称したというのである（『伯耆民諺記』、一七四二年成立）。しかし、その歌とは「伯耆（ははき）には雲のかけはし大山寺妻木（つまき）の里のあるとこそきく」という駄洒落めいたものであるし、光仁天皇が六二歳で即位した天皇であることも考えれば、あまり信用できる話ではない。十七世紀中頃の正保国絵図では、六木と書いて「むき」と読んでいる。もともと「むき」という呼称があった後、十八世紀中頃までの段階で「妻来里」の説話と混交し、妻木（むき）となったのだろうか。ただし、「妻来里」の説話自体は古いらしく、十四世紀に成立したと考えられる『大山寺縁起』に上述の女子が登場し、天台宗玉簾山朝妻寺を妻木の地に建立したという。この寺は、現在では妻木晩田遺跡の東方約一・八キロの長田というところに移転し、清見寺と名をあらためて存在する。

2　遺跡周辺の地理的環境

妻木晩田遺跡の南東にそびえる大山は、東西三五キロ、南北約三〇キロに及ぶ広大な裾野をもつ。西側から見ると「伯耆富士」とよばれるように、三角錐の美しい山容を見せるが、北側、あるいは東側から見ると、屏風のようにそそり立った北壁が荒々しい姿を見せている。『出雲国風土記』に「火神岳」と記され、古来信仰の対象となってきた霊峰でもある。

鳥取県西部の地形の大部分は、この大山の火山活動によってその基盤が成り立っているといっても過言ではない。とくに、現在の大山町域（旧大山町、名和町、中山町）は大山の噴出物がそのまま日本海に突き出した部分である。ただし、目前にある孝霊山にさえぎられて、妻木晩田遺跡からは大山を見ることがほとんどできない。遺跡の最も西端、丘陵の先端に立てば、その西裾が垣間見える程度である。

大山町域となる遺跡の北側には、大山の主峰弥山から噴出した名和火砕流などを基盤とするなだらかな台地が広がり、台地を開削する阿弥陀川によって大規模な扇状地が発達している。また、平

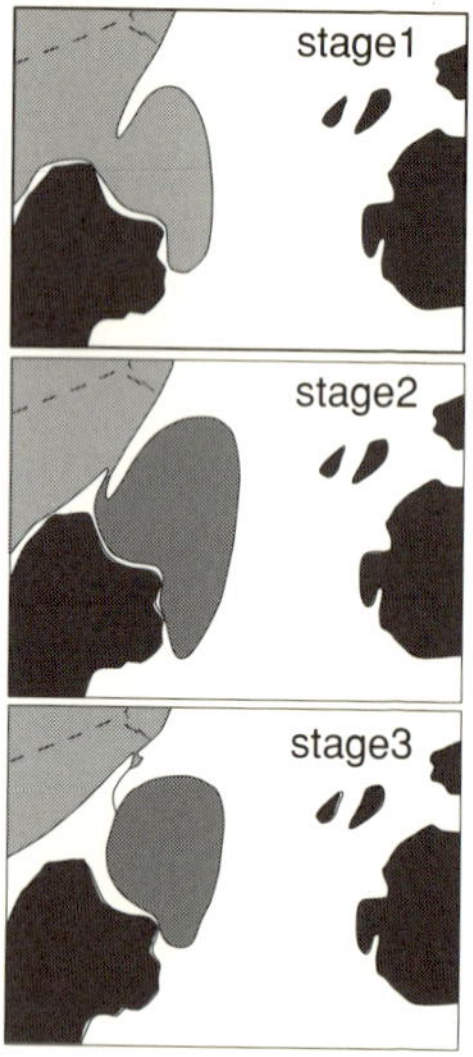

図2　淀江潟の変遷（中村他 1997より）

野と山塊との境界部にあたる晩田山丘陵北東部には、丘陵北側を流れる妻木川などの小河川によって形成された小規模な扇状地が重複している。

一方、淀江町域となる北西側は、一転して平野が多くを占める。海浜部には砂州が発達し、天井川や宇田川によって形成された扇状地と砂州の間にはデルタが形成されている。このデルタは、かつて淀江平野に存在した潟湖の痕跡である。

この潟湖の形成から消滅にいたる過程は、おおむね以下のような変遷が判明している（図2）。すなわち、最終氷期以降の温暖化によって海面が上昇し、平野の半分程度まで海水が浸入して内湾が形成される（Stage 1）。やがて、海浜部に発達した砂州によって外海と閉ざされ、縄文時代前期ごろには、汽水域が形成された（Stage 2）。縄文時代中期ごろには、気候の寒冷化にともなう海退によって海面水位が低下するとともに、河川の堆積作用によって海域が狭まった。そして、縄文時代の終わりごろまでには完全に淡水化し、弥生時代には浅い湖沼として存在していたようである（Stage 3）。日本海沿岸交流を語る際によく言及される淀江潟だが、潟湖として外洋とつながっていたのは、おもに縄文時代のことであり、弥生時代以降は、潟そのものが港の機能を果たすことはむずかしかったと思われる。

扇状地の扇端に位置する井《い》手胯《でまたぎ》遺跡では、弥生時代後期から古墳時代の木製農耕具が出土しているから、弥生時代後期段階には湖沼の周辺が水田として利用されていたと考えられる。この湖沼は規模を縮小しながら中世まで残存していたようである。近世になると、湖沼は消滅するが、その痕跡を残すため池が点在していた。現在は、デルタ一帯に水田が営まれ、湖沼の面影は失われているが、ＪＲ山陰本線に沿って砂州の高まりが明瞭に観察でき、デルタ地形との境界を知ることができる。また、古い条里の痕跡を残す扇状地の田畑とデルタに新たにつくられた水田では区画に明瞭な違いがあり、今はない湖沼の範囲を知ることもできる。

3　遺跡周辺の歴史的環境

妻木晩田遺跡周辺は、鳥取県内でも有数の文化財集中地帯である。時代も旧石器時代から近世まで各時代に及んでおり、その一部は史跡や重要文化財建造物に指定されている（図３）。

近年の発掘調査によって、鳥取県でも旧石器時代の遺跡が確認されることが増えたが、ごく最近までに知られていたナイフ形石器などは、この地域の表採品が多くを占めていた。

縄文時代早期後半にピークを迎える後氷期の温暖期に、日本海沿岸部では海水面の上昇によって小規模な入海が多数形成された。そのような内湾の沿岸部では、バイオマス（生物生産量）の高まりによって人類の居住適地となったため、縄文時代前期以降、多数の遺跡が形成されるようになる。淀江町渡り上り遺跡や鮒ヶ口遺跡など、平野の南端部に位置する遺跡では、内湾漁撈をおこなっていたことを示す遺物が出土している。妻木晩田遺跡周辺は、鳥取県内でも最も早くから人類が定着的な生活基盤を置いたことが判明している地域の一つなのである。

図３　妻木晩田遺跡周辺の文化財

縄文時代の中頃以降になると妻木晩田遺跡の麓に生活の拠点が営まれたようだ。住居などの遺構は明らかでないが、これまでに淀江町井手胯遺跡や大山町塚田遺跡、妻木法大神遺跡などで多数の土器が見つかっている。妻木晩田遺跡はそれらの生活領域の背後にある狩猟の場だったようだ。これまでの発掘調査によって七〇〇基以上の落とし穴が見つかっている。縄文時代後・晩期になると、遺跡の立地は平野部の低地に立地する例が多くなってくるが、丘陵上で若干の土器が見つかる場合がある。一時的なキャンプのような形で利用されているのだろう。

弥生時代開始前後の状況は、実態が不明な点が多いが、前期の後半には水稲農耕社会への歩みを確実にしはじめたようだ。確認されている弥生時代前期の遺跡は、縄文時代から継続するものが多く、在地の縄文人が主体的にかかわる場合が多かったと理解されている。

中期には、居住域の内容が判明している遺跡が増加する。このころの丘陵上で見つかる集落は、竪穴住居数棟程度の小さな集団であることが一般的で、しかも散在していることが多い。妻木晩田遺跡から約一キロ西にある百塚台地では、中期中葉から後葉にかけて営まれた集落跡があるが、竪穴住居跡はまとまりに欠け、遺構の重複もすくないから、長期間定住した農耕集落というイメージではないように思われる。妻木晩田遺跡の麓の扇状地でも土器や石器がみつかっているが、遺構にともなわないものが多く、集落の実態は不明な点が多い。集落の背後の丘陵地として、妻木晩田遺跡が利用されていた痕跡もあるが、発掘調査で把握できる遺構、遺物はすくない。

ところが、後期になると、新たに丘陵上に集落が形成される事例が増えてくる。妻木晩田遺跡はその典型ともいえるが、集落の形成にともなって四隅突出型墳丘墓群が築かれる場合がある。妻木晩田遺跡の南西五・五キロにある米子市尾高浅山遺跡は、妻木晩田遺跡ときわめてよく似た構造をもつ重要な遺跡である。

大規模な集落の形成や墳丘墓の出現は、この地域の弥生時代における重要な画期と考えられる。後期の中頃以降、丘陵上の遺跡が爆発的に増加する現象は、以前から注目されていたが、近年では、妻木晩田遺跡を中心にその具体像が明らかになりつつある。大規模な遺跡群の一角に墳丘墓が存在する事例も散見され、この時期に地域社会のまとまりが形成されつつある状況がうかがえるのである。

妻木晩田遺跡周辺は、古墳の密集地帯でもある。妻木晩田遺跡も大規模な発掘調査がおこなわれる以前は、集落としてよりも古墳群として認知されていた。なかでも遺跡の麓にある晩田一号、二号、三一号墳は、出雲地方の石棺式石室という横穴式石室の影響を受けた石室をもつ六世紀末〜七世紀代の古墳として、早くからその内容が知られていた。

妻木晩田遺跡内の古墳群は、かつて分布調査がおこなわれて以来、実態が不明だったが、ゴルフ場開発にともなう発掘調査で多くの内容が明らかにされた。とりわけ、前期から古墳群の形成が始まっている点が重要で、弥生時代からつづく社会の変化を同一遺跡内で追究できる点が重要である。

また、すぐ近くには五世紀後半から六世紀を中心とした前方後円墳九基が集中する向山古墳群が存在する。大型の前方後円墳がこれだけ集中する古墳群は、山陰を見渡してもここ以外にない。地域を代表する首長が安定的に存在したといえよう。石馬や石人のような筑後地方（福岡県南西部〜佐賀県にかけての地域）と共通する遺物が見つかっている点も興味深い。

七世紀末になると淀江町福岡に上淀廃寺が建立される。三塔をもつ伽藍配置の特異さと焼失した金堂壁画で一躍有名になった遺跡である。単に初期の仏教寺院であるだけでなく、先ほどの向山古墳群を築造した主体との関係が読み取れる点が重要である。地域のなかでどのように新来の仏教文化が受け入れられていくか、明らかにする上でも今後の調査、研究が期待される。

中世には妻木晩田遺跡の松尾城地区に山城が築かれたとされるが、遺構や遺物は十分明らかでない。ただし、妻木晩田遺跡周辺の地域に多数の中世城館が築かれていることは確かで、南北朝期に活躍した名和氏や大山寺にかかわる伝承を残す遺跡も多く存在する。また、戦国期には、尼子氏、山名氏、毛利氏といった有力な武士やそれに連なる国人たちがめまぐるしく勢力争いをくり返した地域でもある。平野や海上交通への視界が開けた妻木晩田遺跡がなんらかの役割を果たした可能性は十分にある。妻木山地区では、この時期のものと思われる漁網に使われる小さな土錘が見つかることがあるから、今後も注意して発掘調査をおこなっていく必要があるだろう。

以上のように見てくると、妻木晩田遺跡周辺地域は、旧石器・縄文時代から中近世にいたるまで積み重ねられてきた人びとの活動痕跡が豊富に残されているといえる。とりわけ、縄文時代、弥生時代、古墳時代、奈良時代の重要遺跡がごく近接した範囲に存在し、人類が定住的な生活を始めた時期から、農耕社会の成立を経て、古代国家の成立期にいたる歴史をコンパクトにまとまった地域のなかで示してくれる点がきわめて重要である。そして、妻木晩田遺跡は、つねにその重要な一角を担ってきたのである。本書では、それらのうち、遺跡が地域社会成立の舞台となった弥生時代後期に焦点を当てて述べよう。

Ⅱ　妻木晩田遺跡の保存と研究史

1　保存運動が残した宿題

一九九九年四月、もつれにもつれた妻木晩田遺跡の保存問題に決着がついたのは、西尾邑次鳥取県知事の退任挨拶の席だった。

一九九五年から、県と地元が誘致するゴルフ場開発にともなって、大規模な発掘調査がおこなわれていた。この開発には、当初から自然保護を目指した反対運動が起きていたが、やがて遺跡の保存を訴える人びとも活動しはじめた。一九九六年に洞ノ原地区で見つかった四隅突出型墳丘墓群の新聞報道をきっかけとして、大きく全国展開しはじめた保存運動は、やがて国会や全国的なニュース番組でも取り上げられるほど大きなうねりに発展していったのだった。

全国の考古学研究者が集まり、妻木晩田遺跡の保存を熱く訴える講演を展開した。佐原眞をはじめ、多くの著名な研究者が積極的に鳥取を訪れ、また、趣旨に共感した多くの一般市民が活動を支える力となった。この保存運動を主導し、講演会の企画やフォーラムの運営に奔走した佐古和枝ら市民グループの功績は高く評価されよう。

保存運動の経緯や成果は『海と山の王国―妻木晩田遺跡が問いかけるもの―』としてまとめられ、刊行されているが、それを読むといかに多くの人びとが熱い思いで保存に尽力したかがわかる。行政的には、保存にいたる経緯はたいへんむずかしい問題を抱えていたであろうが、これらの人びとの努力があればこそ、問題の解決に向けて展開していったといえよう。

妻木晩田遺跡の保存運動の大きな特色は、市民と考古学研究者が連携し、ユニークな活動がつづけられた点にある。この活動を通して、遺跡や考古学に対する関心を新たにもった人も多いという。いまでも妻木晩田遺跡で活躍するボランティアガイドのメンバーには、この運動を地元で支えた方々も多い。また、遺跡そのものが地域の「里山」として親しまれてきた経緯もあって、自然環境保護の意識と連動してきた点も見逃してはならない。

保存運動が残したものはさまざまあるが、ここでは、その後、妻木晩田遺跡を史跡として預かる立場となった鳥取県にとっての課題に触れておきたい。

そもそも、なぜ、ここまで大きな保存問題に発展したのだろうか。最も根本的な問題の一つとして、開発事業が起こる以前に遺跡内容の把握が十分でなかったことが挙げられよう。これだけの遺跡が存在することが事前に把握できていれば、巨大な開発事業に対して、ある程度抑止力になり得たはずだからだ。ここでいう事前の把握というのは、単に開発事業にともなって業務的におこなわれる試掘調査だけではない。もっと広く、地域における遺跡のあり方や学問的な位置づけをするための基礎的な考え方の積み重ねも含んだ意味である。

残念なことに鳥取県では、地域の歴史を探る手段としての考古学研究が比較的古くからあったにもかかわらず、健全な発達を遂げてこなかったように思われる。

鳥取県における考古学研究は、一九五〇年代半ばから七〇年代にかけて、佐々木古代文化研究所や山陰考古学研究所といった考古学を愛好する有志でつくられた研究会が中心を担っていた。一九六〇年代後半以降、行政側が開発事業の主体となってそれに対峙し、官対民の対立図式が形成される事例が増えてきた。そして、つねに官の論理が優先されてきたといってよい。このことは、山陰考古学研究所の代表者であった大村俊夫が遺跡の価値論よりも行政的な都合の方が優先されているると舌鋒鋭く批判してきたことでもある。

しかし、本来の文化財行政は、遺跡の価値論を踏まえなければ成り立たないはずだ。何が重要であるかを明らかにするとともに、その価値観を広く共有し、どのように保護していくか議論しておかなければ、有効な施策を立案できるはずがない。また、何を明らかにしなければならないか、そのためにどう調査すべきか、といった課題意識がなければ、そもそも調査など成り立つはずがないのである。目的や課題のない調査などあり得ない。

「何が重要か」という視点は、地域の歴史を個に明らかにしていく作業の結果生まれてくるものである。そして、現代という時代や、生活に密着した地域のなかで生きる私たちがその認識を深めていく性質のものだ。その拠りどころは、健全で開かれた歴史学研究、考古学研究以外にない。ところが、真に必要な基礎的研究すら排除されてきた。排除されないまでも、調査・研究成果が蓄積され、組織的に経験として引き継がれ、制度や共通認識として機能するまでに高められたとはいい難いのではないか。

妻木晩田遺跡の保存が決定した年の九月におこなわれたフォーラムの席で、佐賀県吉野ヶ里遺跡の保存をやはり教育委員会の担当者として経験した高島忠平が非常に重要な発言をしている。

「こういう大きな遺跡の保存と活用というものを控えたときに、本当にしっかりやらなければいけないと私が思っているのは、やはり鳥取県でこうした遺跡や文化財がどのように取り扱われてきたか、あるいは保存されてきたかという、その歴史をしっかり総括しておく」ことだと述べたのだ。まさにそのとおりだろう。ことここにいたった歴史的背景を理解せずして、前に進めまい。まずは、妻木晩田遺跡の認識の過程から見ていこう。

2 「妻木晩田遺跡」前史

妻木晩田遺跡あるいはその周辺の遺跡を認識し、知的探求の対象とすることは、明治期にまでたどることができる。

二十世紀初頭の一九〇一年、米子町（当時）で東京帝国大学人類学科の坪井正五郎が招かれ、人類学講演会がおこなわれた。坪井は日本における人類学、考古学の草分け的存在で、今日の学問的基礎を築いた一人だ。この講演会を準備したのは、淀江町で教師として働きながら郷土史を研究していた足立正らである。

この講演会に刺激を受けた地元の研究者らは、盛んに地域の原始、古代の探求を始める。妻木晩田遺跡が所在する大山北麓一帯は、古墳や古代寺院の存在が古くから知られていたから、彼らの格好のフィールドになった。足立は同年、自らが収集した考古資料を展示するため、自宅の一室に展示室を設けたが、この資料群は後に山陰徴古館に引き継がれ、さらに現在の米子市立山陰歴史館につながっている。

　また、史蹟名勝天然記念物保存法が一九一九年に施行されると、それにのっとった文化財の調査がおこなわれるようになった。この調査は、京都帝国大学考古学研究室の梅原末治や県内の研究者らを調査委員としておこなわれ、『鳥取県史蹟勝地調査報告書』に結実した。『鳥取県下に於ける有史以前の遺跡』、『因伯二國に於ける古墳の調査』、『名勝及天然記念物の調査』の三部作として知られるこの調査報告書は、当時にあって、弥生時代研究、古墳時代研究をリードする内容であったとされる。この報告書に記載された遺跡などは、編さんの主旨にしたがって、後に国の史跡や重要文化財、県の史跡や保護文化財に指定されたものも多い。この調査報告書に取り上げられた遺跡は、鳥取県東部（因幡）の五三遺跡に対して、西部（伯耆）の一一四遺跡と極端な差がある。妻木晩田遺跡周辺だけでも三六遺跡ある。いかにこの地域の探求が進んでいたかを示すものだろう。

　ついで、昭和初期には倉光清六が妻木晩田遺跡周辺の踏査を熱心におこない、その成果を『考古学雑誌』や『考古学』といった全国的な学会誌に盛んに投稿している。倉光は、先の『史蹟勝地調査報告書』でも活躍した一人である。彼が一九三二年作成した「香良山山麓遺跡分布図」は、妻木晩田遺跡周辺を中心に縄文時代から古墳時代にかけての遺跡を丹念に報告したものである（図４）。

　さらに、日中戦争が泥沼化し、日米開戦を翌年に控えた一九四〇年、国威発揚と民意統制を目的として、紀元二六〇〇年記念事業が各地で開催さ

図４　倉光清六が作成した「香良山山麓遺跡分布図」

れていた。鳥取県ではその一環として、先の『鳥取県史蹟勝地調査報告書』の続編を『上代因伯史』として編む企画などが立案されていた。その当時新たに知られた資料や前回には触れられなかった古墳時代以降の歴史的記念物をも網羅することを目指したようである。やはり梅原末治が委員に委嘱されたが、実質的には当時助手だった小林行雄が中心的なメンバーであったようだ。小林は同じころ、西日本における弥生時代研究の原点ともいうべき奈良県田原本町の唐古・鍵遺跡の調査、研究をも手がけつつあった。戦後は三角縁神獣鏡の研究などを通じて、日本考古学をリードした研究者の一人である。

かねてから重要な遺跡集中地帯として知られてきた妻木晩田遺跡周辺も再度調査対象となったようだ。当時は古墳時代の方墳として調査されたが、弥生時代終末期の墳丘墓として知られる徳楽墳丘墓も調査された遺跡の一つである。第Ⅰ章で紹介した清見寺のすぐ近くにある墳丘墓だ。これらの調査成果は、敗戦の色が濃くなるとともに編さん計画が頓挫し、未完のままとなっていたが、近年、若き日にこの調査に従事した坪井清足の斡旋で、当時の調査資料やメモなどが鳥取県埋蔵文化財センターから刊行されている。

小林は、戦後まもなく『日本考古学概説』と題する本を著し、皇国史観でゆがめられた原始・古代史を考古学の立場から再構築しようとしていた。現在でも版を重ねて出版されているこの本には、当時知られていた考古資料が多数引用されているのだが、福岡県（三四件）、大阪府（三二件）、奈良県（二一件）、群馬県（一九件）、兵庫県（一五件）についで六番目に多く、鳥取県の資料が一四件引用されている。これは、近年までの考古学的な情報量からいえば、破格の扱いに思える。先の調査成果が小林の手元に残されていたことの反映でもあろうが、資料が当時の概説書に適した性格を備えていた証でもあろう。戦後の考古学研究や教育に鳥取県での調査成果が一定の役割を果たしたといえるのである。

戦後も一九五〇年代から、米子を拠点として佐々木謙や大村俊夫らが中心となってこの地域の調査を積極的におこなっている。彼らは、その活動内容や人的つながりにおいて、まさに明治以来つづけられてきた地域史探求の後継者である。

一九五四年から一九六二年まで一〇〇号を数えたガリ版刷りの月報『ひすい』からは、地域の考古学研究を発展させようと模索する姿が浮き彫りになる。『馬山古墳群』（一九六二年）や『福岡古墳群』（一九六四年）はその実践としての発掘調査や分布調査の成果であった。『福岡古墳群』は、妻木晩田遺跡内に立地する晩田山古墳群をも含んだ呼称であり、妻木晩田遺跡にとっての基礎文献の一つでもある。

これらの著作は、現代的水準から見れば、かならずしも洗練されているとはいえないが、そのエネルギッシュな姿には読むたびに圧倒される。そして、彼らの業績が独自の課題意識にもとづき、すべて手弁当の調査によってなされたことに思いを至さなければならない。このような活動の蓄積は、彼らのもの以外に戦後の鳥取県にはほとんどないのである。

3　空白の四〇年

残念なことに、明治以来、半世紀以上にわたって積み重ねられてきた探求の成果は、二十世紀後半には活かされなかった。学史に残る資料が蓄積され、意欲的な研究の舞台となってきた大山山麓は、さまざまな開発事業にさらされることになる。

早くも一九六〇年代後半には、米子市福市遺跡で宅地造成事業や学校建設などによって遺跡が未調査のまま破壊される事件が起こった。行政側はこれに十分対処できず、大村のような民間の研究者らが私財を投じて調査にあたるといった状況であった。遺跡の重要性に理解を示した市民や研究者らによって、福市遺跡は部分的に保存され、今は史跡福市遺跡公園となっている。

福市遺跡の保存から数年の後に、今度は福市遺跡の南側の丘陵上に立地する青木遺跡で、やはり大規模な宅地造成事業が始まった。この際にも同じような事態がくり返され、大きな保存運動が起こった。鳥取県教育委員会に文化課が設置され、社会教育課から独立して文化財行政を所管するようになったのはこのころからである。大規模な調査の結果、弥生時代から奈良時代までつづく集落遺跡が解明され、やはりその一部が史跡として保存されることとなった。

以上のような背景もあって、鳥取県としては、県内の主要な地域で重点的に遺跡の分布調査をおこない、広域にわたってそれらを保護する施策を検討した経過があったようだ。妻木晩田遺跡周辺地域も古くから文化財集中地域として知られていたから、この計画のなかに取り上げられた。一九七九年に策定された『鳥取県の風土と一体化した歴史的環境の広域保存地域計画その1』によれば、妻木晩田遺跡や上淀廃寺跡や向山古墳群周辺は、「孝霊山地区」とされ、広域に保護すべき地域の一つとして提案されている。保護すべき部分の重要性にしたがって「核心景域」、「周辺景域」、「外縁景域」といったカテゴリーに分かれているのだが、妻木晩田遺跡洞ノ原地区が「核心景域」

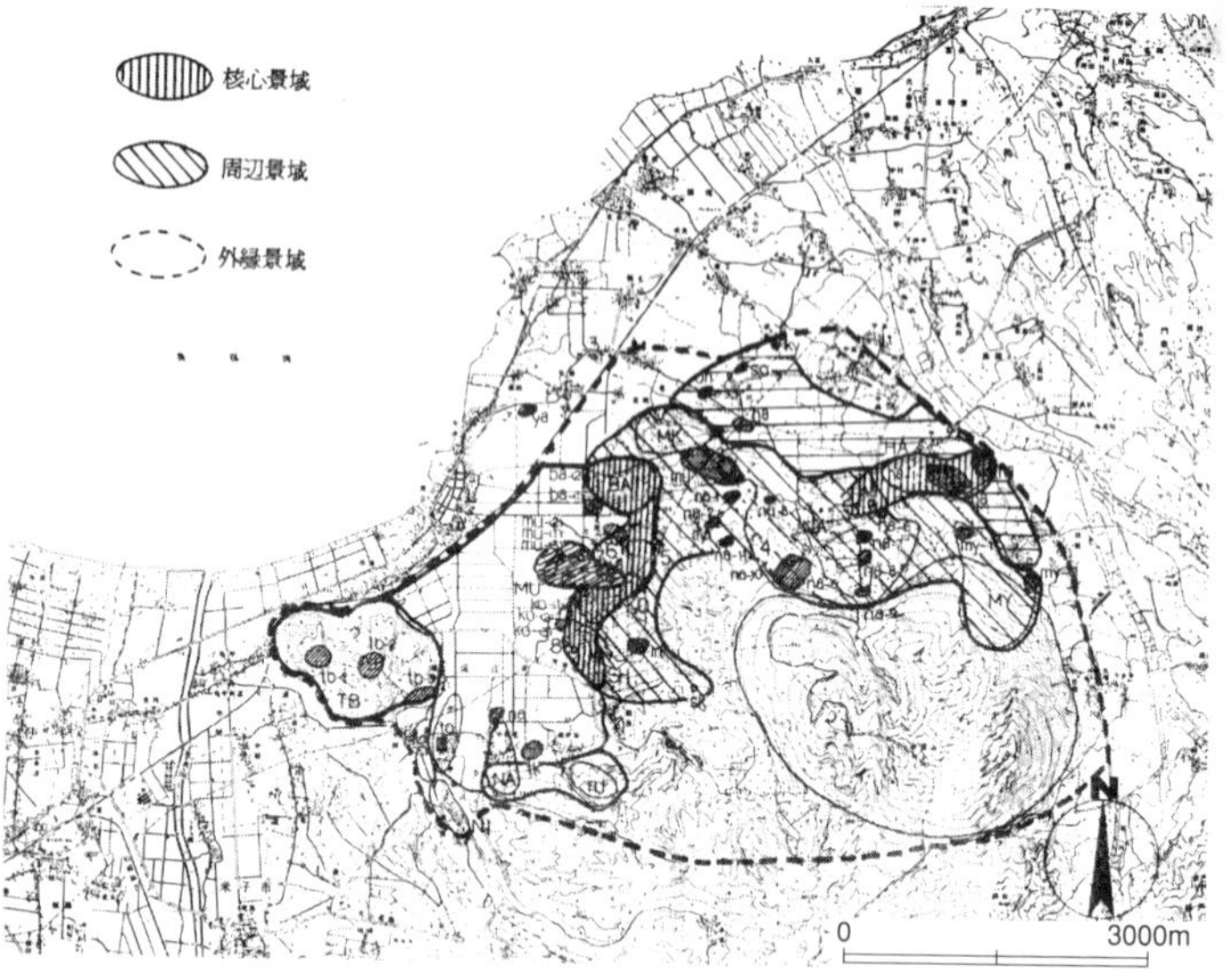

図 5　孝雲山地区広域保存景域図（鳥取県教育委員会 1979より）

の一つとして挙げられている。そして、遺跡の全域は「核心景域」に直接かかわる「周辺景域」に、遺跡外を取り巻く広大な範囲が環境保全を中心とした「外縁景域」にあてられているのだ（図5）。この当時妻木晩田遺跡は、弥生時代の集落遺跡としては十分に認知されていなかったが、古墳群とそれを取り巻く自然環境として重視されていたのである。

同じころ、「風土記の丘整備事業」として、史跡を含む広域な空間を保存整備しようという動きがすでにあった。また、「古都における歴史的風土の保存に関する特別措置法」（一九六六年）や「明日香村における歴史的風土の保存および生活環境の整備などに関する特別措置法」（一九八〇年）など国内でも特別視される地域においては、広域に文化財と環境を保護する施策が打ち出されていた。鳥取県の構想はこれらに刺激を受けたものと考えられるが、県内のほぼ全域を対象としている点で先進的な取り組みといえよう。指定にもなっていない遺跡やその周辺の環境を「風土と一体化した歴史的環境」ととらえ、風土そのものを環境と調和的に保全するなかで遺跡を保存しようとする内容だったのである。これは、今日でいう文化的景観の保護に近い内容をもっている。

しかし、遺跡を含む環境の広域保存、保全を高らかに謳っていたにもかかわらず、それが実効力を発揮することはなかった。ほとんど実現されないまま、眠ってしまっていたのだ。計画どおりに実現しているのは、県立埋蔵文化財センターの設置くらいである。

この広域保存計画は、その当時までに蓄積された調査、探求の総括として考えられたものでもあっただろうし、福市遺跡や青木遺跡でくり返した失敗の反省に立ったものでもあって、開発事業計画と文化財の保護を両立させるための方針作りでもあった。にもかかわらず、実現されなかった背景は何だろうか。何がこの計画に足らなかったのだろうか。

理由はさまざまに考えられる。近代的な生活・産業資本の整備が県政の最重要課題であった時代に適合しなかった、というのもあるだろう。当時の段階ではやむを得ないとしても、学問的裏づけが不足して、説得力に欠ける面もある。

しかし、私が最も問題だと感じるのは、この計画そのものが仕事の枠組みとして継承されていない点だ。おそらく、さまざまな予備調査や検討段階を経たものであるに違いないのだが、それらの基礎資料というべき書類も単に遺跡の分布調査の記録としてしか残っていない。仕事の理念も方法も継承されず、断絶してしまっているということである。そして、計画策定から二〇年後、「広域に保護すべき地域」の「核心」と自らが宣言した妻木晩田遺跡でゴルフ場開発が企画され、一六㌶もの発掘調査が始まることになるのだ。

　このように見てくると、一九六〇年代後半以降、近年までの約四〇年間は、明治以来の積み重ねを無にしてしまった空白の期間といえるだろう。もちろん、この間にも良心的な個人の担当者、研究者らは地域の原始・古代史を明らかにし、文化財保護につなげようと努力してきた。しかし、その声はか細かったし、組織的には仕事の枠組みを失って、何の拠りどころももたないまま、ただ発掘調査を業務的におこなうのみになってしまった。

　先に引用した高島の発言のつづきはこうだ。

「（佐賀県内の遺跡とか文化財の取り扱われ方を総括した結果・筆者補注、以下同じ）県内を四地区の史跡公園化というふうに（計画を）挙げました。それぞれの地域に特色をもたせた遺跡公園計画を、長期計画のなかに提案させていただき（中略）、その後、その線に沿って仕事をしてきたわけです。（中略）佐賀県のなかに置かれている文化財の状況をしっかり踏まえながら、みんなの協力、あるいはみんなといっしょに努力をしてきた」。

　遺跡を地域のなかで評価するという基礎的な作業は、それを活かす仕事の枠組みがなければ、一つ一つの成果が有機的な蓄積とはならない。仕事の枠組みだけあっても、それを満たしていく地道な作業がなくては、制度として生きてこない。高島の言葉は、そのような教訓を与えてくれる。

　きわめてさいわいなことに、妻木晩田遺跡は全面保存された。それは、結果として、鳥取県が自ら選んだ選択肢ではあるが、保存にかかわった市民や県外の研究者らがその機会をもたらしてくれたものだ。この基本構造は、四〇年前の福市遺跡、三〇年前の青木遺跡からほとんど変わっていないように思われる。空白期間に溜まったつけは、まだほとんど支払われていないのである。

妻木晩田遺跡は、鳥取県で文化財にかかわる私たちに課せられた大きな宿題であるが、同時に断絶してしまった地域史探求の積み重ねをふたたび始めるための基礎である。まずは、丹念に事実と向き合おう。そして、この地で暮らした人びとが残したものを評価していくなかで、その特性をみきわめ、どのように守り伝えていくか考えよう。そうして積み上げたものが崩れないような枠組みもしっかりつくっていく必要がある。これが今後の基盤となるはずだ。

高く積み上げるためには、裾野を広げる必要がある。この枠組みは、多くの人びとと共有できるものでなければならない。多くの方々の理解と協力を必要とするが、そのための努力を怠ってはなるまい。保存運動が残した宿題を解決する作業は、これからやっていかなければならないのだ。

Ⅲ　妻木晩田遺跡の集落構造を復元する

1　妻木晩田遺跡の集落像

　多くの情報をもつ妻木晩田遺跡だが、集落としての具体像は、じつはあまり整理されていない。三年間に約一六ヘクタールという途方もない規模でおこなわれた発掘調査はもちろんのこと、全六冊、総ページ数二六〇〇ページを超える大部な報告書刊行にいたるまでの整理作業は、時間的、体制的な制約にもかかわらず、当時の調査担当者らの努力によって精力的になされてきた（以下、ゴルフ場開発にともなう発掘調査を第一次調査という）。しかし、ここで集積された膨大な調査データを検討、分析し、集落の実像を描き出す作業は、ようやくおこなわれ始めたというのが現状だ。

　一方、遺跡の評価については、保存をめぐる議論のなかで定着していった「地区ごとに機能分化した山上の弥生都市」との評価が語られる場面が多い。すなわち、妻木晩田遺跡は、それぞれの地区に配置された生産、貯蔵、埋葬といった各分野の機能が有機的かつ計画的に結びつきあって大規模集落を形成しており、それは「都市」とよべるほどの内容をもっているというのである。このような理解は、工事範囲という便宜的かつ行政的に設定された発掘調査区によって認識されていた「集落」範囲に再考を促した。直径約二キロ圏内の尾根ごとに展開する集落群をたがいに有機的な関係をもつ一つの大規模集落にとらえなおした。この点は、高く評価されるべきである。

　しかし、機能分化や計画性の点は、集落内部の時間的、空間的構造の分析が不可欠であることはいうまでもない。妻木晩田遺跡が集落として存続する期間は、おもに弥生時代後期初頭から古墳時代前期初頭にわたり、実年代にして二〇〇年〜二五〇年間の長期に及ぶと考えられる。尾根ごとの集落群も時期によって盛衰があるから、複数の時期にわたる遺構の累積結果を平面的に取り上げて集落内の機能分化を説くのは、適切ではない。古墳時代の遺構と弥生時代の遺構を同時に取り上げてみてもまったく意味がないのだが、これまでに出された妻木晩田遺跡の紹介には、意外にこの種の乱暴な議論が多い。

　もっとも、保存運動が展開されていた当時、情報がきちんと整理されていたわけでもなく、遺跡を高く評価しようと努めた結果であるから、事実と異なっていた点をあげつらうことは避けるべきだろう。保存された当初には、鳥取県教育委員会自身もそうした評価を借りて妻木晩田遺跡を語ることが多かった。

　しかし、遺跡の実像に迫るためには、いつまでもその段階にとどまっているわけにはいかない。遺構を時間の順序にしたがって整理し、空間的な位置関係を把握するという考古学の基礎的な作業がまず必要である。そこに住み、暮らした人びとの顔が見えるようになるには、二〇〇〇年の時間の流れのなかで錯綜したり、失われたりした情報の断片を丹念に拾い集め、つなぎ合わせる作業がどうしても必要なのだ。そして、その作業は、発掘調査が終わればすぐにできるというものではない。

　そのような評価をおこなう際に注意すべきことは、遺跡の大きさや複雑さがかならずしも遺跡の重要性と結びつくとはかぎらないということだ。ともすれば、私たちは現代社会に主流の尺度で遺跡を評価しがちである。それは、現代社会に生きるかぎりある程度やむを得ないことだ。しかし、遺跡の重要性とは、歴史を振り返ろうとする現代人にとって訴えかける何か、といえば抽象的すぎるかもしれないが、遺跡がもつ雰囲気やその周辺の環境や景観などをも含めた総合的な評価であるべきだろう。これらは、決して数量化できない基準であるし、単一の尺度で測るべきものでもない。「最古」、「最大級」といった評価にも一定の効果があることは否定しないが、何を基準にした評価であるのか、評価の基準は一つなのかといった点を考え直す必要があろう。

2　時間軸の整理

　分析をおこなう前に、本書で扱う時間の概念について説明しておきたい。

　妻木晩田遺跡が集落として存在した時期である弥生時代後期は、現在の考古学界でも実年代にさまざまな考え方があるが、およそ西暦一世紀の前半に始まり、二世紀いっぱいまでつづいたと考えられている。これは、一世紀の初頭に存在した中国の「新」という国が発行した貨幣（貨泉）が各地で後期の初めの土器にともなう事例が多いことから、その始まりの年代を推測したものだ。終末期とよぶ時期は、文字通り弥生時代の終わりであるが、これを三世紀の前半と考えておく。これは、三角縁神獣鏡などの研究によって古墳時代の始まりが三世紀の半ば以降と考えられていることにあわせたものである。このように考えると、妻木晩田遺跡は弥生時代後期の初めから古墳時代前期の初めごろまで集落として存続しているから、およそ二〇〇年～二五〇年間のできごとということになる。

遺跡から出土する土器は、いわば現代の鍋や茶碗にあたる調理道具や食器である。生産と消費のサイクルが他の道具類よりも早く、量も多い。材質が粘土であるから可塑性が高く、つくり手の意思や好み、社会の伝統などを反映しやすいと考えられ、時代の変化を読み取るのに適している。このため、考古学では、土器を時間の物差し代わりにするのが一般的である。

妻木晩田遺跡周辺の地域では、弥生時代後期から終末期の間に使われた土器は、後期で三小様式（Ⅴ‐一～三様式）、終末期で二小様式（Ⅵ‐一、二様式）存在しており、それぞれの小様式が時間の経過にしたがって段階的に変化すると考えられている（図6）。したがって、本書では、それぞれの段階を後期前葉、中葉、後葉、終末期前半、後半とよび分けることにする。かなり大雑把だが、これ以上細かな把握はむずかしいのが現状である。

約二〇〇年～二五〇年間に土器小様式が五段階の変化を遂げていることから、一段階はおよそ四、五〇年程度の時間幅をもっていると考えられる。ただし、これは土器小様式の変化の仕方が一定だと仮定した場合である。遺跡から出土する土器の量や遺構の数を見ると、後期後葉とよぶ時期のⅤ‐三様式のものが圧倒的に多い。したがって、遺物の出土量や遺構数と時間の長さが相関関

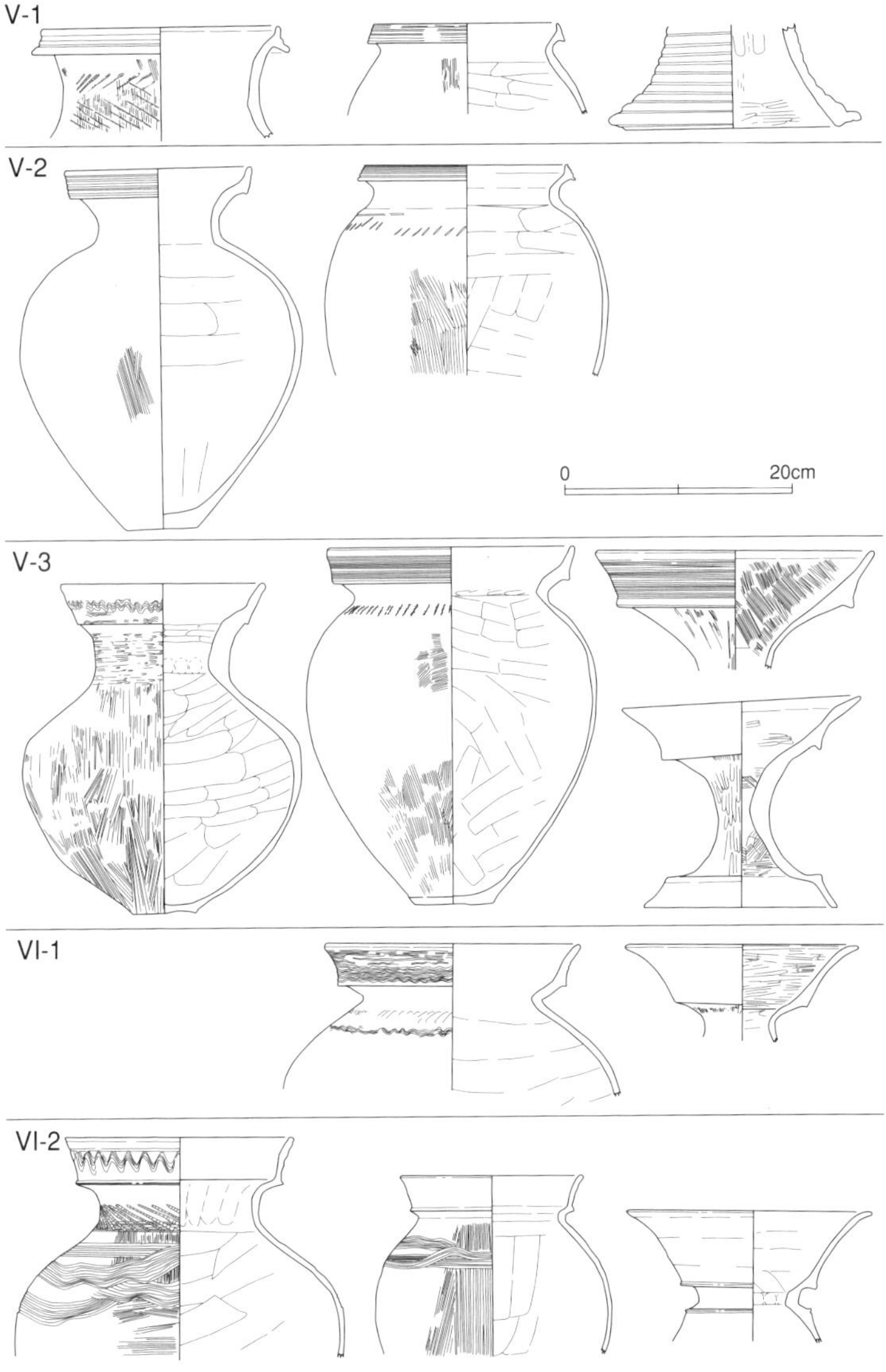

図６　弥生時代後期から終末期の土器の変化

係にある可能性を考慮しなければならないが、単純に正比例しているととらえると、後期後葉は他の時期にくらべて三倍以上も長くなってしまう。それに、遺物の出土量や遺構数を時間の長さに解消してしまうと、平均化されてどの時期も同じ姿になってしまう可能性がある。後期後葉に生活痕跡が濃厚になるということは、山陰の多くの地域で共通した傾向であるが、墳丘墓の大型化や住居構造の変化や対外交流の増加などの現象が見られる時期であるから、単に時間の長さだけに解消できない問題を含んでいる。人口が増加したなど社会的な変化も背景にあるとみておかなければならないのである。遺構の重複も多いから、時間の長さが他の時期よりも長い可能性は依然として大きいが、時間幅の配分方法に決定的な解決策はまだない。本書では変化の仕方がほぼ一定だったと仮定して、各段階に四、五〇年程度の時間幅を割り振っておこう。以下に述べる内容は、このような仮定によって推測した時間軸に沿ったものであることをご承知おきいただきたい。

3　集落構造の概観

まずは、近年の調査でわかってきた集落全体の構造を概観してみよう（図7）。第一次調査の成果をもとに、史跡指定以後、おもに居住域の変遷と構造の解明に焦点を置いた計画的な調査をおこなってきた。その結果、妻木晩田遺跡に住んだ人びとの暮らしぶりがしだいにわかり始めてきた。

二〇〇〇年度から二年間かけておこなわれた洞ノ原地区西側丘陵の調査は、後期前葉における集落形成期の内容解明を目指した調査であった。これは、妻木晩田遺跡が集落として始まる後期前葉にここで環壕が掘削され、遺跡の起源を示す象徴

図7　妻木晩田遺跡地形図

的存在とも考えられたからだ。ところが、第一次調査区に接する環壕の南半部を調査したところ、調査地がむしろ後期後葉を中心とした居住域であることが明らかになった。

さらに、環壕の堆積を詳しく調査するなかで、遺跡全体がどのような変遷を遂げたか理解できるようになった。すなわち、環壕の堆積は大きく四段階に整理することができ、下層から後期前葉、中葉、後葉、終末期という継起的な層序と土器群を把握することができた。遺跡全体の変遷を大きく段階的にとらえることが可能になった点は、この調査の最も大きな成果の一つである。そして、土器の出土量や環壕の内側に形成された遺構の検討から、次のような変遷が見えてきた。

環壕が掘削された後期前葉の段階では、環壕内部に明確な遺構は見られない。この時期の竪穴住居跡とされる遺構も存在するが、正確には時期不明であり、竪穴住居跡とするには不審な点もある。後の人間活動によって、後期前葉の生活痕跡が削平された可能性もあるが、環壕に転落した土器は全体の一割程度しかなく、もともと生活痕跡が希薄だった可能性が高い。環壕が半ば以上埋没した後期中葉の段階では、環壕の形を維持すべく何度か掘り直しが認められるが、その努力はやがて放棄されたようだ。おそらく後期中葉のうちには、南斜面を中心として竪穴住居がつくられるようになり、終末期にいたるまで連綿と存在するのである。その間、多量の土器や鉄製品などが窪地となった環壕内に廃棄され、炭を含んだ土層で最終的に埋没している。つまり、環壕はその周辺で暮らした人びとの生活廃棄物で埋め尽くされているのだ。

　このような調査成果を得るなかで、環壕の機能に見直しが必要となってきた。それまで洞ノ原地区の環壕は、戦闘行為に備えた集落の防御施設と評価されてきたからである。この環壕は、最大で幅四メートル、深さ二メートル、断面形がV字状になる大規模なものである。径六〇〇メートルほどの丘陵頂部を取り囲むように斜面の中腹に掘削されているので、環壕の底と内側との高低差は四メートルに達する場所もある。防御の機能としては十分だ（図8）。ところが、環壕が機能していた時点では生活痕跡が薄いのに対して、埋没して深い壕として機能しなくなったところに人が多く住み始めるのだから、環壕が内部に住む人びとを防御するための施設ではなかったということになる。

　このことは、環壕が機能していた後期前葉の竪穴住居跡を探してみると、より明瞭になる。最も近い場所でも六〇〇メートル以上離れた妻木山地区で竪穴住居跡が確認されているほか、さらに谷を挟んで離れた妻木新山地区や松尾頭地区の方がより中

図8　洞ノ原地区環濠の規模

心的な居住域であるようだ（図9）。したがって、環壕で囲まれた「環壕集落」というよりも、集落の一角に環壕があるという表現の方が正しい。丘陵全体を見ると、西側から環壕、墳丘墓、居住域というように分節化された空間があるようにも見える。

しかし、後期中葉以降、環壕が埋没するにしたがって、そのような空間分節は失われていく。墳丘墓が営まれる仙谷地区を除き、後期後葉には丘陵のほぼ全域が居住域に変わっていくのである（図10）。妻木晩田遺跡の集落構造は、環壕が存在する段階と存在しなくなった段階の大きく二段階に分けて考えることができるのである。

4　洞ノ原地区環壕の性格

これまでに全国各地で発見された環濠は、大部

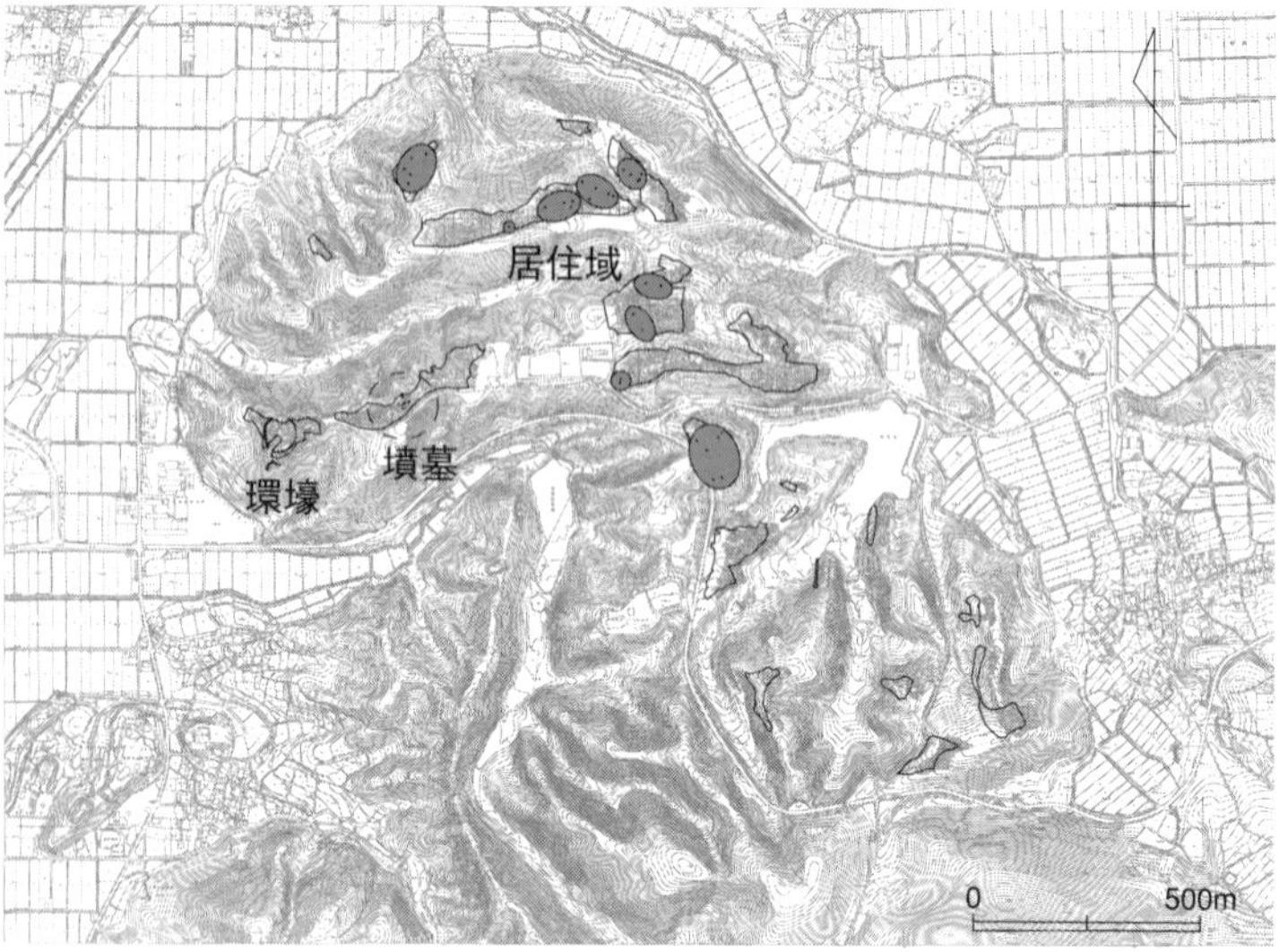

図9　後期前葉の集落構造

分がその内部に同時期の住居跡や建物・貯蔵施設が存在するという構造をもっている。そのため、環濠は外敵などから生活や財産を護るための防御施設であり、環濠集落は、社会的緊張の高まりに対応して現れた居住形態と考えられてきた。この理解の仕方は、基本的に現在でも有効である。近年では、単に防御の機能だけでなく、内部に暮らす人びとの生活範囲を区画し、たがいのつながりを確認するための施設という理解も一般的である。いずれにせよ、環濠のなかに人が住んでいる点に変わりはない。

ところが、妻木晩田遺跡をはじめ、山陰地方の環壕には内部に人が住んでいないと考えられるものがある。そのことを如実に示してくれるのが、島根県松江市の田和山遺跡である。宍道湖南東岸の乃木平野とよばれる小平野のやや東よりに田和山とよばれる独立丘陵があり、その北端部に田和

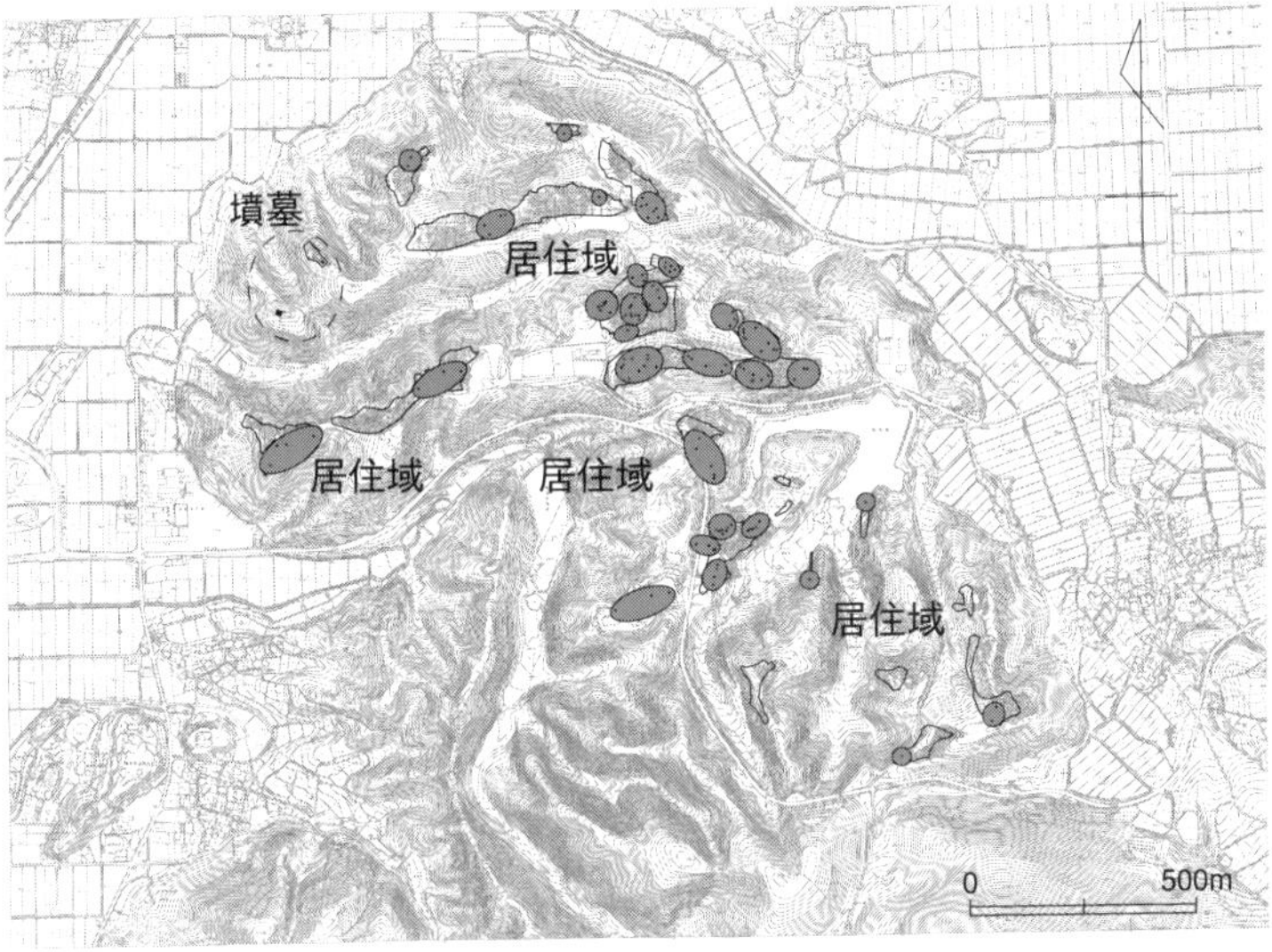

図10　後期後葉の集落構造

山遺跡はある。標高四五メートルの丘陵頂部を中心に、周囲の斜面を三重の壕（当初は一重）が取り巻くが、その中心をなす狭い頂部にはごくわずかな掘立柱建物、柱列あるいは柵があるだけで、竪穴住居などは環壕の外側に営まれているという特異な構造である。環壕の時期は、弥生時代前期後半から中期後半にかけてであるが、外側の竪穴住居は中期後半にかぎられる（図11）。

田和山遺跡の具体的な性格についてはさまざまな説があるが、三重の壕と土塁によって防御した対象が、生活や財産などの物質的なものではなく、もっと観念的なものであった可能性が考えられよう。乃木平野に展開する周辺の集落群から見て、田和山がこの地域一帯のランドマーク的存在であり、集落どうしを精神的に結びつける聖地とする解釈もある。

じつは、大山北西麓を中心とする地域でも、妻木晩田遺跡の調査以前から多数の環壕が見つかっていた。それらを整理した濵田竜彦の研究によると、環壕がつくられる時期は、弥生時代前期後葉と後期前葉の二つの時期に集中する。しかもごく

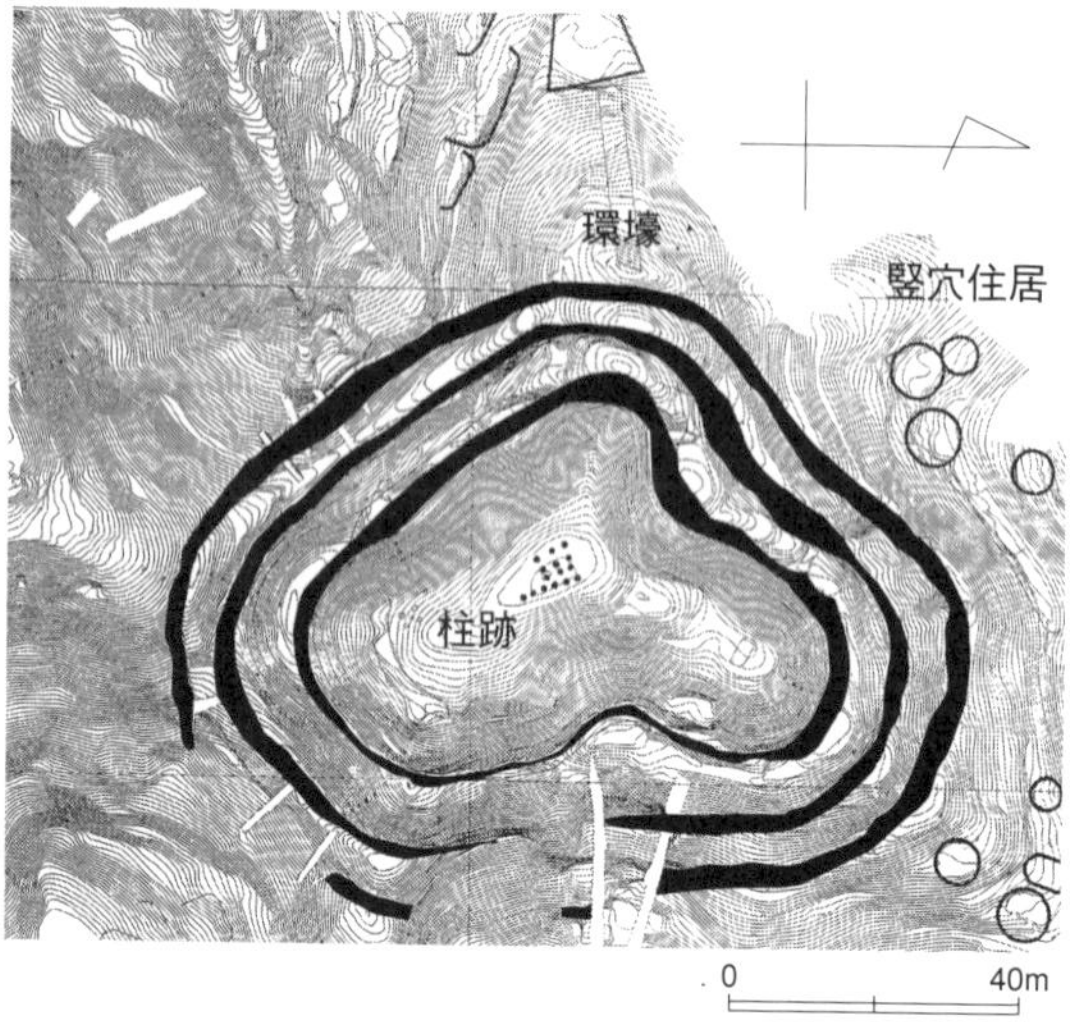

図11　田和山遺跡の環壕

短期間に埋まっている事例が多いというのである。そして、内部に何があるかという視点で見ると、同時期の竪穴住居が存在して集落を囲うもの（A類）、貯蔵穴だけ存在するもの（B類）に加え、何もないと考えられるもの（C類）が存在する（表1）。

このような問題意識をさらに深め、また、二年間の調査成果を公開する目的で、二〇〇四年に環濠をテーマにしたシンポジウムを開催した。日本海沿岸部で調査にたずさわる研究者とともに、近畿や九州、あるいは東アジア全般に幅広い視野をもつ研究者を招いて、環濠に関する討論をおこなったところ、日本海沿岸部の地域には、さまざまな性格の環濠が存在する実態が明らかになった。とりわけ、何もない空間を囲むという個性的な環壕の存在が浮き彫りになったのである。

そのような特殊な環壕は、地域社会が大きく変

表1　環壕の類型と消長

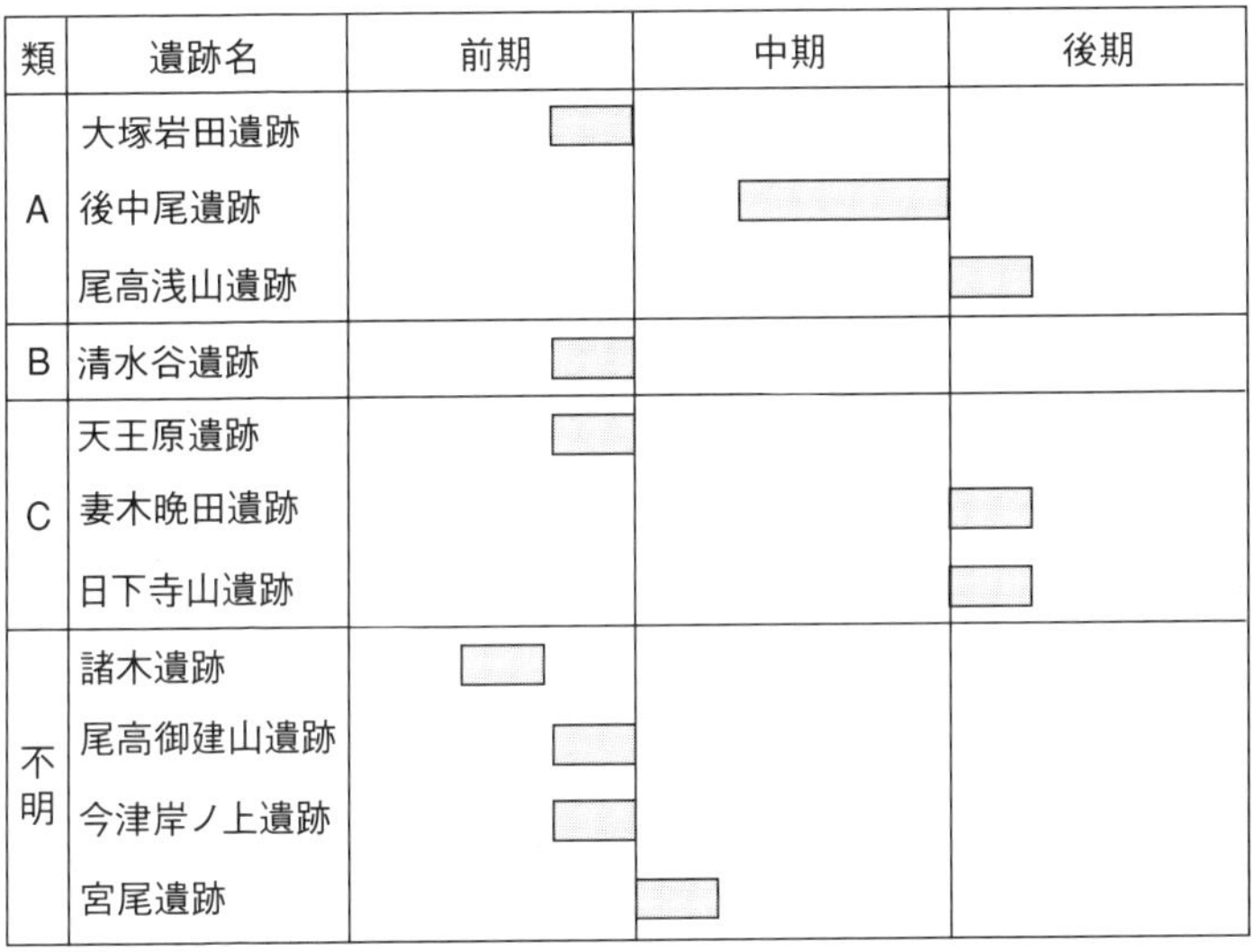

化する時期に築かれたり、交通の結節点になるような場所に存在したりして、環壕で囲まれた空間が地域のなかで特別な存在と考えられる点が重要である。さらに追究すべき課題も多いが、妻木晩田遺跡周辺で特筆すべきことは、大規模な集落に成長する直前段階にシンボリックな環壕がつくられる点だ。

　妻木晩田遺跡と同様に後期前葉のごく短期間で埋没する環壕をもつ遺跡として、米子市日下《くさか》寺山《てらやま》遺跡や尾高《おだか》浅山《あざやま》遺跡がある。いずれも部分的な調査しかおこなわれていないので、実態は不明な点が多いが、環壕が埋没した後に集落の範囲が広がることがわかってきている。したがって、すくなくともこの地域全体に共通する社会的な背景によって環壕がつくられ、ある一定の役割を果たしたといえるだろう。

　また、藤田憲司が早い段階から指摘していたように、環壕と墳丘墓がたがいに見通すことが可能な位置に立地し、存続時期が重なることも共通しており、環壕の性格を考える際に重要な点である。墳丘墓については後に検討するが、それまで墳丘墓の伝統がないこの地域に新たに登場した墓制であり、地域のまとめ役となる首長層の墓と考えられる。シンボリックな環壕とセットになって首長墓が築かれることは、これらの遺構が地域的なまとまりの形成を促した存在の証だと解釈するのが妥当だろう。つまり、環壕は、地域の人びとを結びつけ、大規模な集落の形成を促すために必要な施設であり、その象徴となるような空間あるいは、なんらかの施設を囲んでいたと考えるのである。

5　集落の論理を探る

環壕がある時期となくなった時期の二つの時期にわたって妻木晩田遺跡が営まれたという重要な成果が得られた後、私たちの次なる調査テーマは、人びとがいかにしてこの遺跡に住んでいたかということだった。環壕を失った後に竪穴住居数が多くなり、大規模な集落へと発展していくことはわかっていたが、その内部構造はどうなっていただろうか。

このころ、後に述べるように、史跡として保存された妻木晩田遺跡を公開していくために、どのような整備をすべきか議論を重ねる作業が並行していた。どのような整備をおこなうにせよ、妻木晩田遺跡に住み暮らした人びとの生活を具体的に明らかにすることは必須の作業である。これまでの調査で最も多くの竪穴住居跡が集中する妻木山地区を調査することがその課題解決にとって有望だと考えられた。もちろん、第一次調査の成果によってある程度の見通しはついていたが、開発事業にともなう調査では、本当に知りたい部分を調査できるとはかぎらない。開発によって削られる範囲以外に調査の手が及んでいない部分があったのである。そこで、二〇〇二年度から始めた妻木山地区の調査は、すでに調査が終了した部分に隣接する重要な場所を調査していくこととなった。

ところで、集落の変遷を考古学的にとらえるためには、さまざまな条件を考慮しなければならない。具体的に考えるために、まず読者の皆さんが住んでいる住宅地や集落を想像していただきたい。建て替え、増改築、住民の転出入などによる建物の数や規模の増減、あるいは住宅地を取り巻く環境の外観の変化は、時間の経過にしたがって起こっているに違いない。一年や二年で大きな変化はないかもしれないが、一〇年、二〇年といったタイムスケールで見れば、田んぼだった場所にマンションが建ったり、川が護岸されたり、道路や公園ができたり、あるいは家が建っていた場所が駐車場になったりしているはずだ。

この変化の過程をあまさず知ろうと思えば、定点カメラなどで記録しつづけるしか方法はない。ところが、発掘調査では、そうして変化しつづけた結果できた生活痕跡を多数発見することになる。突然の火山噴火や洪水などによって、一瞬にして埋められたような遺跡を除けば、多くの遺跡では、過去のある時間幅に累積した結果が同時に見えてしまうわけだ。しかし、これらが同時にあったという保証はない。見つかった遺構を時間軸に沿って整理し、同時に存在するのはどれとどれかを探すという作業を経なければ、分析の出発点に立つことができないのである。

しかもこの場合の「同時」というのも問題がある。先に妻木晩田遺跡における時間軸を整理したように、現状では、およそ二〇〇年〜二五〇年の時間幅を五段階区分でしか把握できないから、「同時」といっても四、五〇年ほどの時間幅をもった「同時」なのだ。仮に、事実は二五年ずれていて同時に存在しなくても、五〇年という粗い一目盛のなかでは「同時」とせざるを得ないのである。したがって、ある一時期における竪穴住居の数は、物理的に存在しうる最大値とならざるを得ない点をあらかじめ認識しておく必要がある。

たとえば、「後期後葉の竪穴住居跡一〇〇棟」といった場合、それは考えうる最大値であって、かならずしも一〇〇棟同時に存在したとはかぎらないのである。二〇〇棟の竪穴住居のうちの半分が一〇年ごとに建て替わっていれば、五〇年間に一〇〇棟の竪穴住居跡になる。一時期に二棟しか存在しなくても、毎年建て替えていたとすれば、同じく五〇年間に一〇〇棟の竪穴住居跡ができる。二〇棟の竪穴住居で構成される集落か、二棟しか存在しない集落かで中身はまったく異なるが、ある時間幅で同じ痕跡を残しうるとしたら、その痕跡が形成された過程をたどる必要があるだろう。

さいわい、一〇〇棟もの竪穴住居跡がまったく切りあうことなく見つかることはほとんどないから、切りあい関係によって新旧関係をある程度整理できるはずだ。しかし、切りあい関係もなく、出土した土器などからみても「同時」だった場合、そのまま同時と考えてよいだろうか。このような分析をおこなう際に検討しておかなければならない条件は、竪穴住居の建物としての大きさや竪穴住居間の距離、あるいは密集度といった点である。

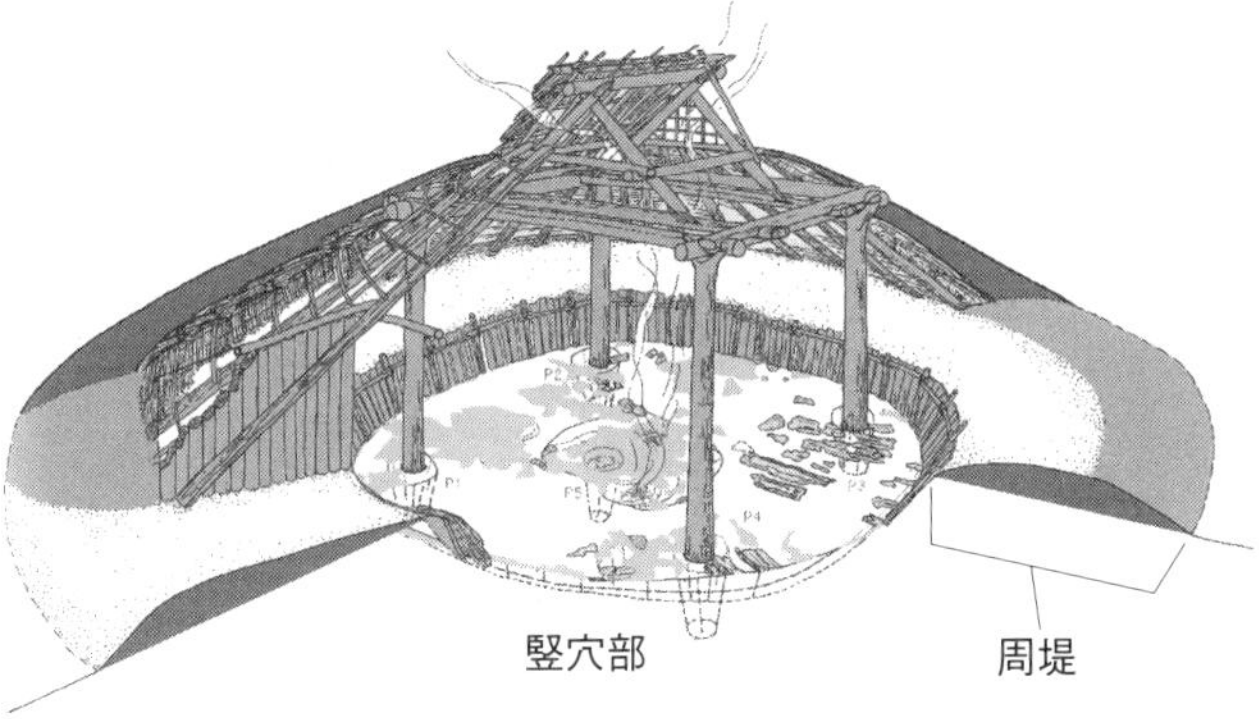

図12　竪穴住居の構造（浅川 2000より）

集落というものは、建築家の原広司によれば、目に見えない論理をもっているという。建物の外観の統一性（あるいは不統一性）、配置、距離感、立地上の特徴など、いずれも住人には当然と思われている約束事が、明確に意識されなくても存在するという意味である。『集落の教え一〇〇』としてまとめられた原の考察は、深い洞察力に支えられた含蓄に富み、私が妻木晩田遺跡の集落像を考える際にたいへん参考になった。ここで検討、復元しようとするのは、妻木晩田遺跡で暮らした人びとにとっての集落の論理である。

6　竪穴住居の大きさと配置パターン

竪穴住居跡として検出される遺構は、通常平面形が円や四角い形をした穴である場合が多いが、本来はその外縁に住居構造の一部として周堤が存在すると考えられる（図12）。妻木晩田遺跡で調査された四〇〇棟以上の竪穴住居跡のうち、周堤が残存していた例は一棟しかなかった。しかし、周堤の外縁をめぐる溝（周堤溝）が存在することによって、その存在が確認できる例が二三棟存在する。周堤溝とは竪穴住居の外周に馬蹄形に掘られた排水溝で、住居内部に雨水が浸入しないようにするためのものである。溝がともなわなくても、周堤そのものにも防水の機能があっただろう。竪穴住居を掘削するときに生じる土の処理を考えれば、本来は周堤がともなうことが一般的だったと考えられる。そして、竪穴と周堤溝の間隔を測れば、おおむね周堤の幅が判明する。

周堤の幅は、屋根の高さや勾配、あるいは竪穴住居が立地する場所の傾斜度などにも規定されると考えられるため一律ではないが、残存状況がきわめて良好な事例では、三～四メートル程度ないしはそれ以上の規模を有している。周堤幅が判明する二三棟の平均値は二メートルほどであるが、それは周堤溝の一部しか残っていない事例にあわせて、最も幅が狭くなる場所しか測っていないためである。図13に示した竪穴住居跡のように、周堤は正円ではなく、竪穴の形状に一定の幅で沿っているわけでもない。そのため、場所によって二メートル近い幅の差が生じる。幅二、三メートル程度の規模をもつことが一般的だと考えておくことが妥当だろう。

仮に、平均幅二メートルの周堤が竪穴部をほぼ全周するとして、竪穴住居一棟の面積を算出すると、その建築面積は検出した竪穴住居床面積の三倍から五倍近い面積となるのである。平均幅三メートルの場合には、七倍近くになるものも出てくる。現代的な感覚でいえば、内部の居住空間が一五畳程度（約五坪）の竪穴住居は、建坪三〇坪程度の建築物になりうるのである（図14）。

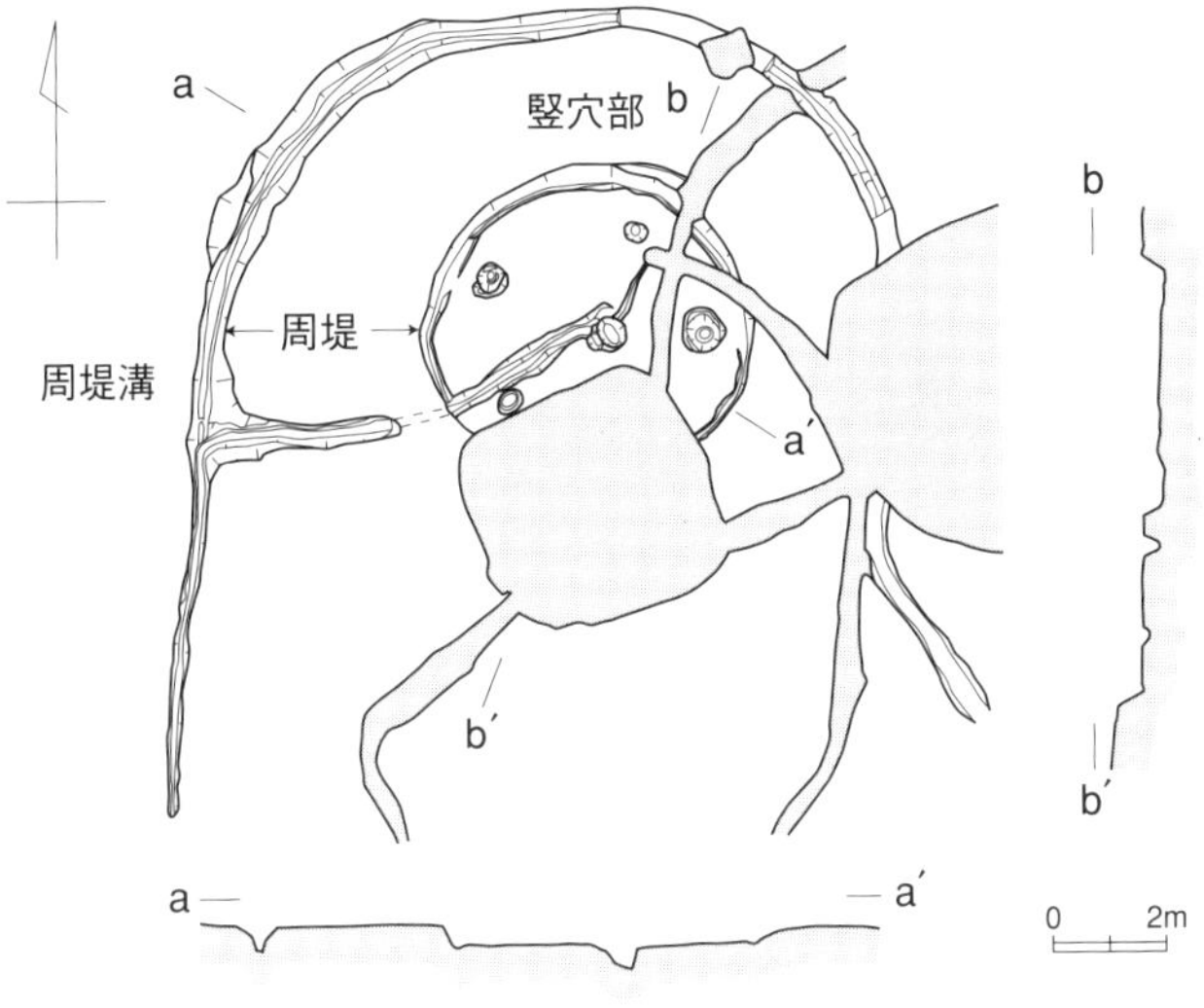

図13　洞ノ原西側丘陵住居２平面図

このように、竪穴住居の建物としての大きさは、発掘調査で検出した竪穴部よりもはるかに広い範囲を想定しておかなければならない。直径五メートルの竪穴住居跡であれば、その上部建築は直径一一メートルに達する可能性を考えておくべきだ。したがって、ある一時期における竪穴住居の並存関係を考えるとき、すくなくとも二、三メートル程度の周堤幅が確保できない場合には、同時並存がむずかしいとみることができる。検出された竪穴住居跡に即していえば、竪穴住居跡どうしの間隔が四〜六メートル以上離れていれば同時並存が可能である。より厳密には、屋根構造を丹念に検討して、同時並存可能かどうか個別に検証していかなければならないが、それ以下であれば、同時に並存する可能性はすくないと思われる。

　こうした前提のもとに竪穴住居の分布について考えてみよう。妻木晩田遺跡において居住の中心

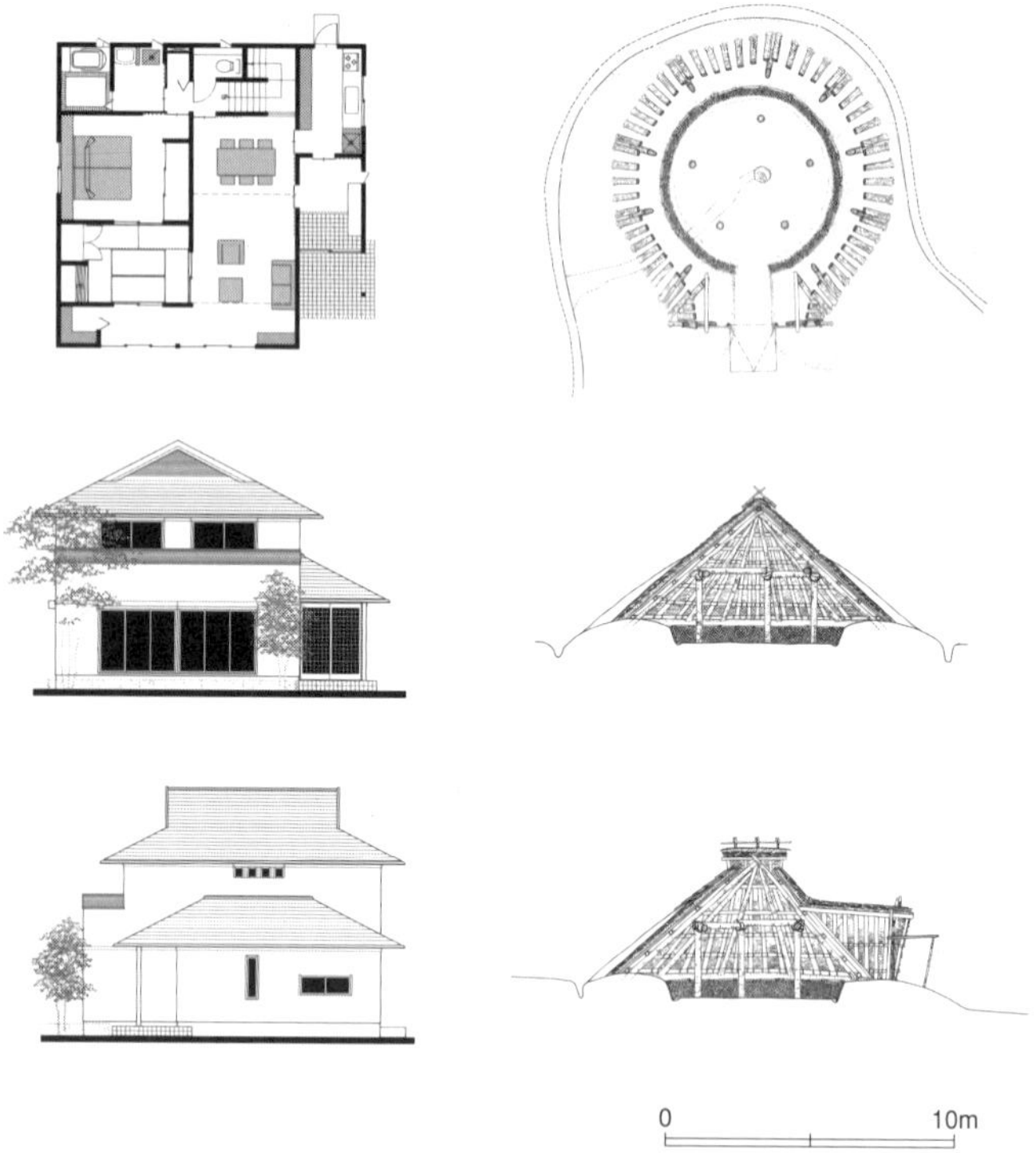

図14　5 LDK の現代住居と復元竪穴住居の比較

となる妻木山地区、松尾頭地区を例に、竪穴住居跡の分布を見てみると、竪穴住居跡が密集する部分と粗となる部分が存在し、群としてとらえうる集合が存在する（図15、16）。群と群の間には、遺構密度が希薄な空間があることも見逃せない。この竪穴住居跡の集合はどのような構造になっているのだろうか。

約四〇《メートル》四方の範囲に後期後葉の竪穴住居跡が八棟、土坑一基が切りあうことなく密集している妻木山三区中央部のE群と名づけた竪穴住居跡群を例にして、竪穴住居の配置パターンを探ってみよう。ある一棟の竪穴住居跡に着目し、すくなくとも二、三《メートル》程度の周堤幅が確保できる間隔で竪穴住居

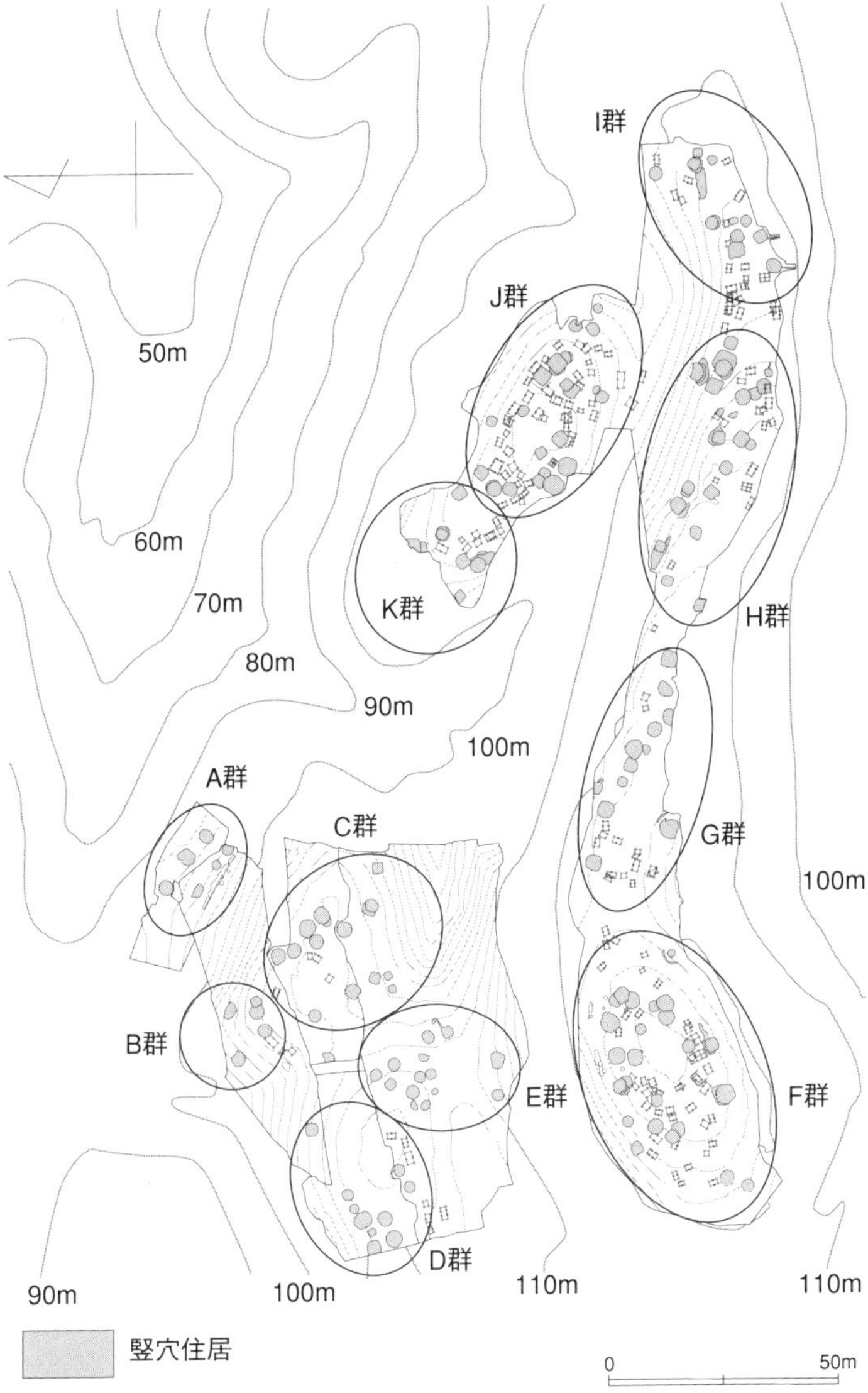

図15　妻木山地区全体図

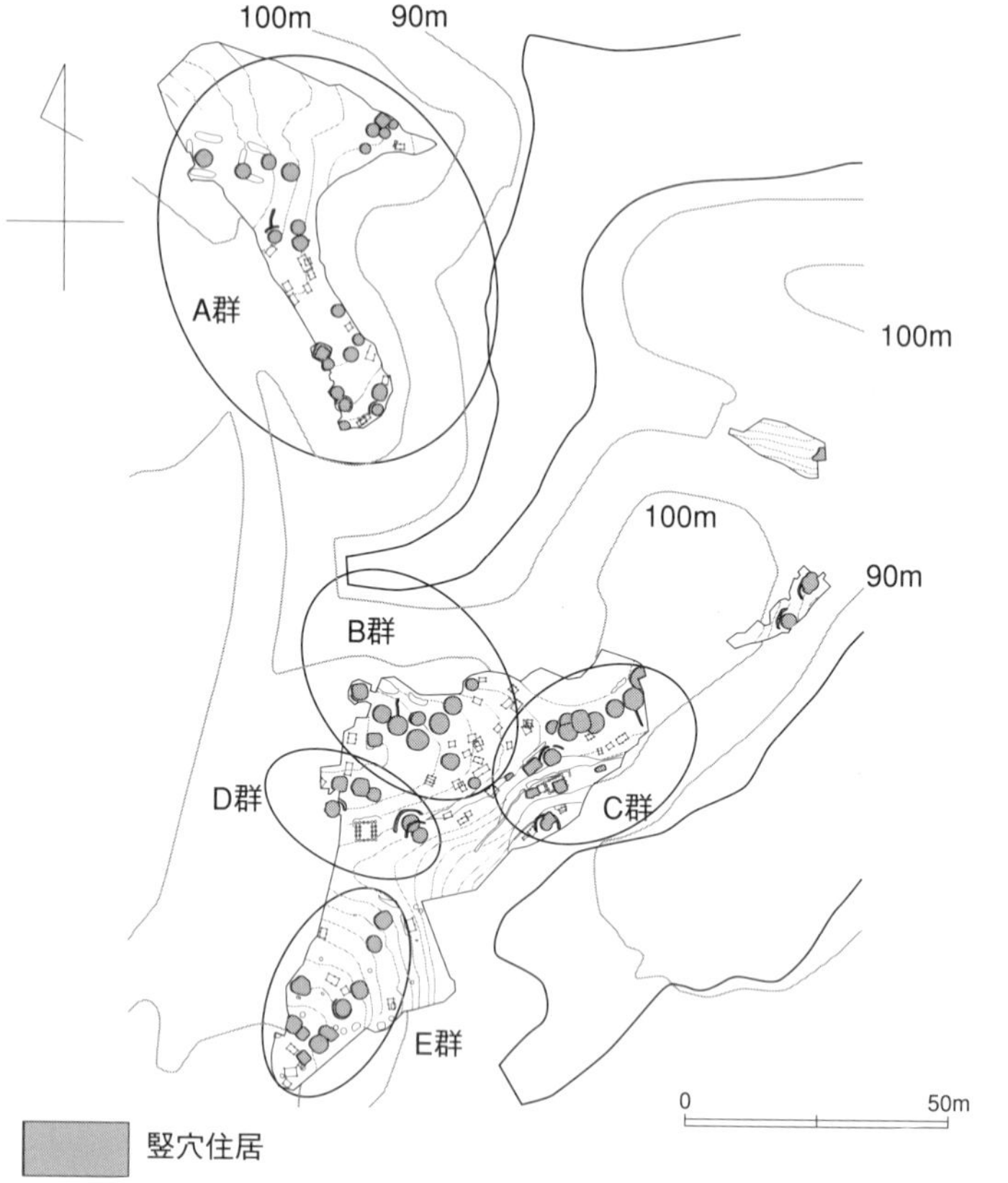

図16　松尾頭地区全体図

跡が存在する場合は、同時に存在することができると考えよう。たがいに二、三メートル程度の周堤幅を確保しようとすると、大きく重なってしまう竪穴住居跡は、同時に存在できないものと考えるのである。この方法で整理すると、大きく三つのパターンに整理できる（図17）。

　すなわち、一三四号住居が建っているとき、同時に建っている可能性があるのは、一三二号、一三八号、一四一号、一四二号の四棟である（パターンa）。一三五号に注目すると、一三三号、一三三

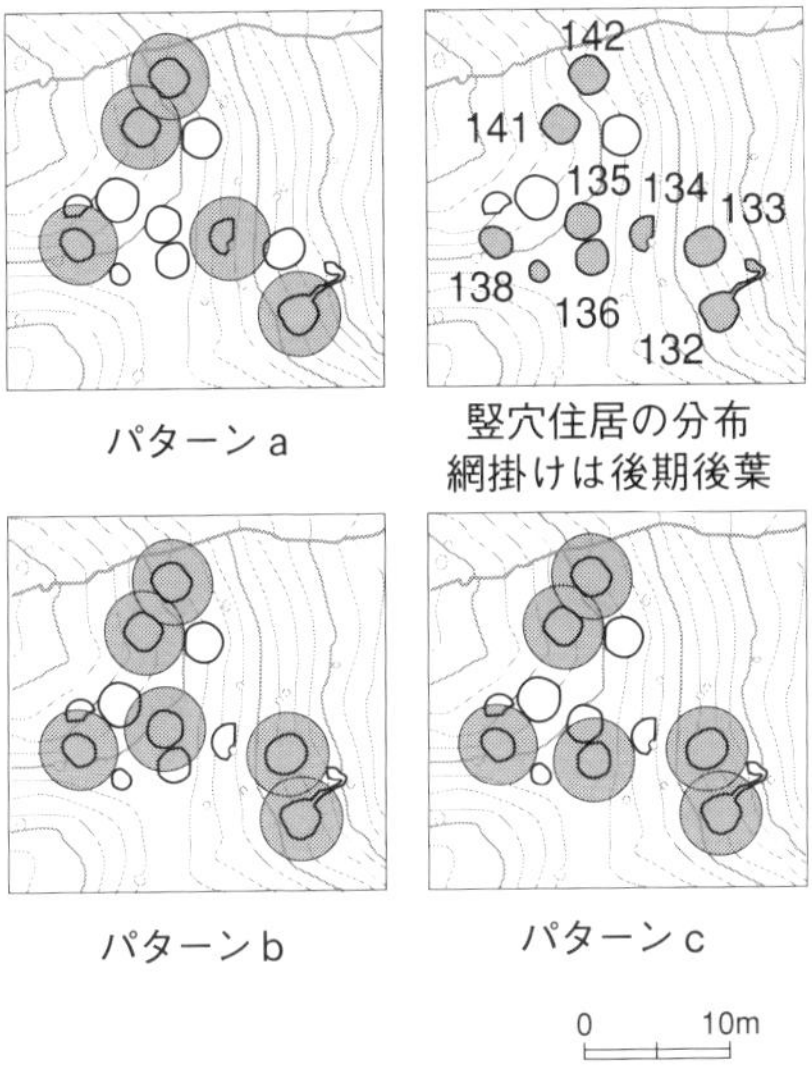

図17　妻木山３区Ｅ群の変遷

号、一三八号、一四一号、一四二号の五棟と同時に存在する可能性がある（パターンb）。一三六号が建っている場合も、一三二号、一三三号、一三八号、一四一号、一四二号の五棟と同時に存在できる（パターンc）。一三二号と一三三号、一四一号と一四二号は、それぞれ周堤幅を確保できない距離なので同時に存在しないと考えられるが、三パターンのいずれかに解消させればよいので、ここは、大きく三パターンに整理できることを重視しておこう。

いま詳細に見た竪穴住居跡群と同様な構成の群は、妻木山地区で一一群、松尾頭地区で五群ほど存在する。そして、妻木山地区Ｅ、Ｉ、Ｋ群を除く八つの群、松尾頭地区Ｄ群を除く各群で観察できるように、周壁沿いに多数の主柱をもち、床面積が三〇平方メートル程度以上となる比較的大型の竪穴住居跡と四本柱で床面積が二〇平方メートルを越えない普通規模の竪穴住居跡とからなっており、おおむね一五〇〇〜五〇〇〇平方メートル程度の範囲を居住領域としている。各群の内部で同時期の竪穴住居跡間の距離を測ると、じつは十数〜二十数メートルである場合の方が多い。Ｅ群のように複雑な分析をしなければ理解できない群は、後期後葉における妻木山地区、松尾頭地区の一部であり、むしろ少数派

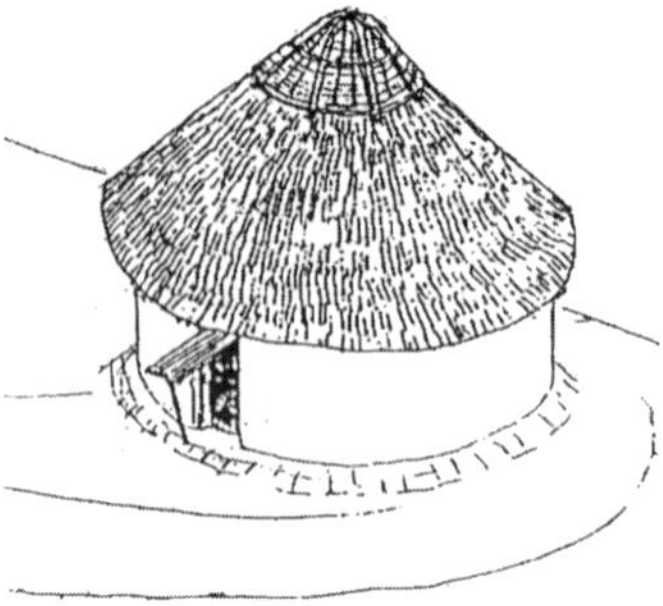

図18　宮本長二郎による復元図
（宮本 1996による）

である。このことは、竪穴住居間の距離が十数メートル以上離れていることが常態であり、妻木晩田遺跡における集落の一般的論理であったと考えることができるだろう。

7　松尾頭地区の大型竪穴住居

以上と同じ作業を松尾頭地区のB群と名づけた部分でもやってみよう。ここでは、わずか一メートルほどの間隔で七棟の竪穴住居跡が密集している。ただし、このB群は、建築史学者の宮本長二郎によって「壁立ち住居」とされた竪穴住居跡を含んでいる点で先ほどの妻木山地区E群とは異なる。

「壁立ち住居」とされるのは、直径が八メートル前後で比較的大きく、柱が竪穴部の外縁に近い場所に多数設けられているものだ。宮本の復元図では、円形の土壁と考えられる壁が垂直に立ち上がり、円錐形の草屋根が載せられている（図18）。この復元図のように垂直の壁があれば、建物を取り巻く周堤が不要になり、わずか一メートルほどの間隔であっても軒を接して同時に存在することが可能になる。大型竪穴住居を含む群では、小型竪穴住居跡ばかりで構成される群とは異なっているかもしれない。

ところで、一般に「壁立ち住居」とは、屋根を支える主たる構造が柱ではなく、壁であるものをいう。英語では、この壁のことをベアリング・ウォール（bearing wall 支持壁）とよび、文字通り厚い壁によって屋根を支えるものである。一方、カーテン・ウォール（curtain wall 垂れ壁、下がり壁）とよぶものもあって、これは単に垂れ下がっていたり、貼り付けたりする壁で、屋根を支えているのは柱である。後者を「壁立ち」とはよばない。そもそも、大型の竪穴住居跡の場合には屋根を支える柱が存在するので、「壁立ち住居」とするのはおかしい。厳密には、「壁あり住居」とでもいうべきだろう。いずれにせよ、同時並存を考える場合、壁があって、竪穴のまわりに周堤幅を見積もらなくてよいかどうかが焦点となる。そこで、宮本によって「壁立ち住居」とされた竪穴住居跡をやや詳しく見てみよう。

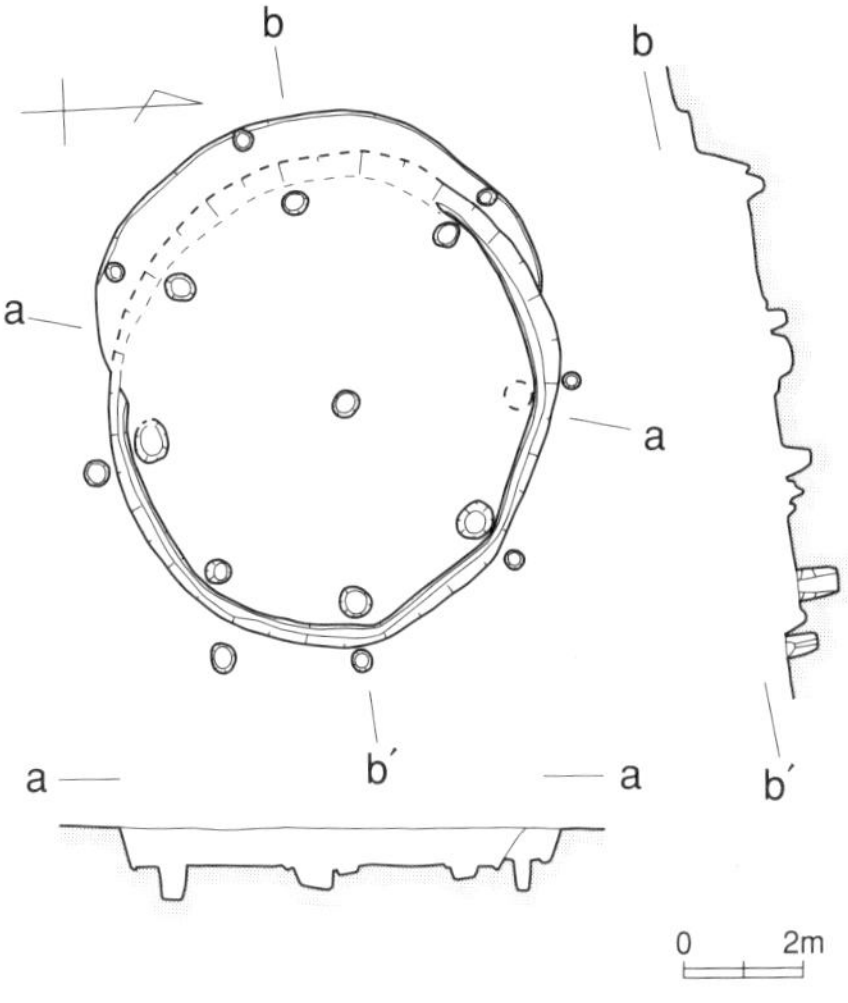

図19　松尾頭41号住居

　松尾頭地区四一号住居は、直径七・五〜七・九メートル、床面積三六・七平方メートルの妻木晩田遺跡のなかでは大型に属する竪穴住居跡である。八本の主柱をもち、竪穴の数センチ〜数十センチ外側にも同じく八本の柱穴がめぐる（図19）。宮本は、この外側にめぐる柱が外壁を支えるものとみているが、柱の痕跡は直径わずか一〇センチほどである。この柱を心材

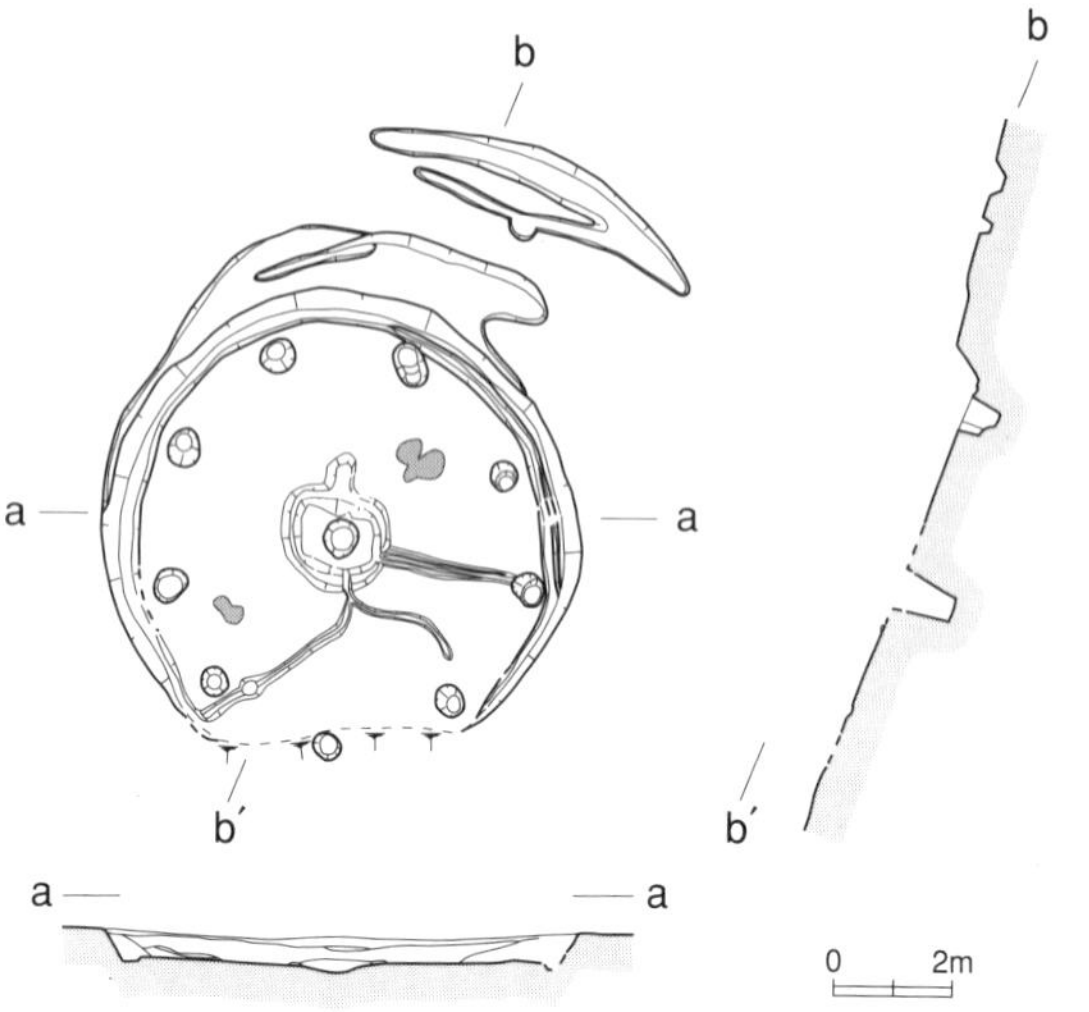

図20　妻木山88号住居

として、復元図のように土壁をつくると解釈するにしても、柱間が四《メートル》以上あいている場所もある。幅四《メートル》もの壁下地を径一〇《センチ》の柱で支えるのは困難だろう。それに、円形の土壁をつくるためには、もっと柱数を増やさねばなるまい。

一方、他の地区にも同様な構造の竪穴住居跡がある。妻木山地区八八号住居だ（図20）。これは、直径七・八～八・〇《メートル》、床面積三九平方《メートル》で先ほどの松尾頭地区四一号住居と規模が近い。時期も同じ後期中葉である。九本の主柱が確認されているが、この竪穴住居跡から二・四《メートル》離れた位置に周堤溝の一部と見られる溝が見つかっている。つまり、この種の大型竪穴住居も周堤をもつと考えられるのである。同じ遺跡の同じ平面形をもつ竪穴住居が異なる屋根構造をもつとは考えにくいから、松尾頭地区四一号住居も本来は周堤があったと見るべきではないか。

じつのところ、多数の主柱をもつ大型竪穴住居跡は、より古い時期から存在する。たとえば、米子市青木遺跡のF地区一五号住居は中期後半の例である。直径一一《メートル》、床面積が五二・三平方《メートル》、

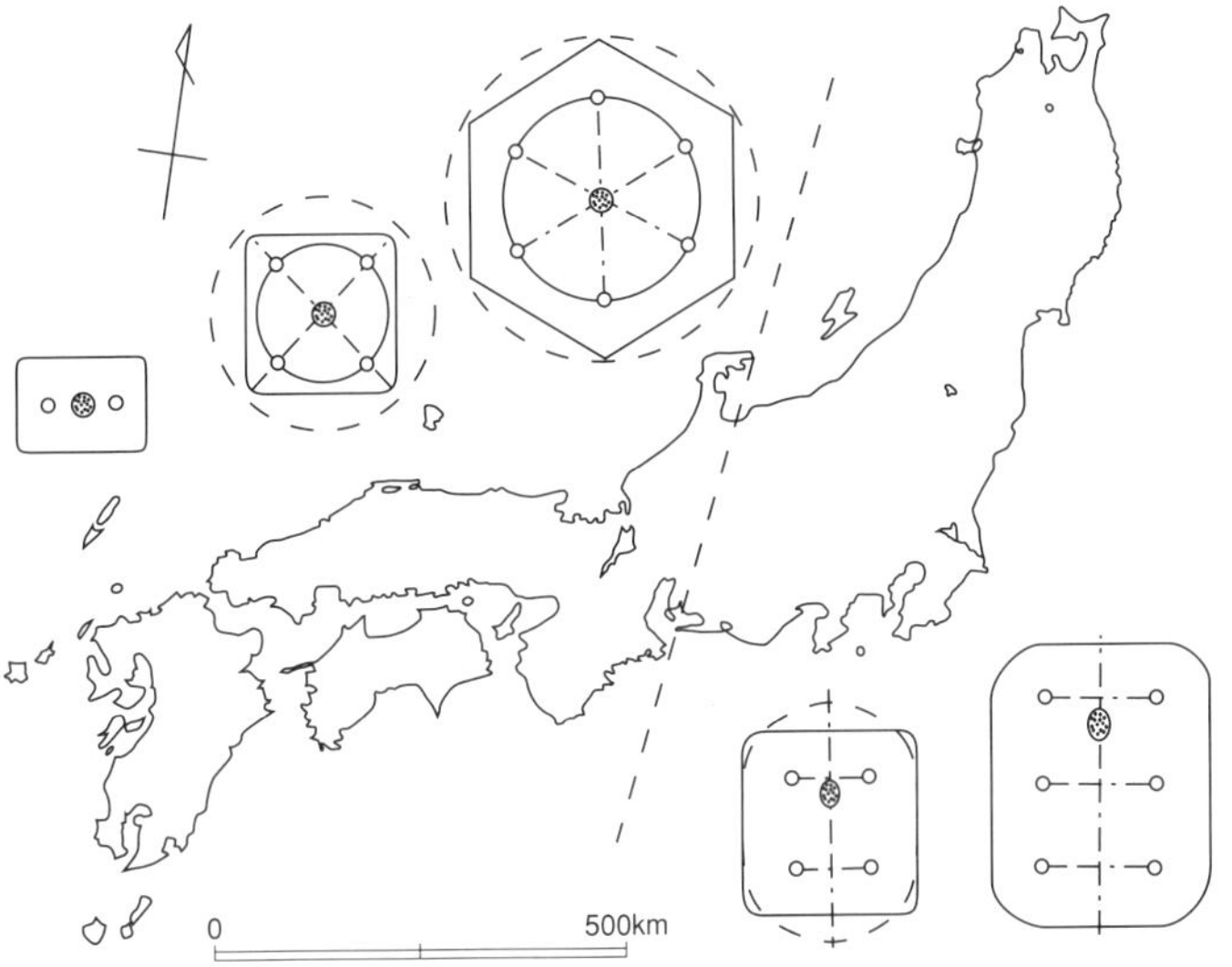

図21 竪穴住居設計原理の二者（都出 1989より）

七本ないしは八本の主柱をもつと考えられる大型住居だ。他に同様なものは、米子市淀江町百塚《ひゃくづか》第八遺跡の九号住居（直径九・五六メートル）や琴浦町（旧赤崎町）化粧川《けしょうがわ》遺跡一号住居（直径八・七メートル）などがある。

もともとこのような竪穴住居は、都出比呂志が求心原理とよんだ西日本に共通する竪穴住居の建築設計原理によっている。この設計原理による竪穴住居は、主柱の数を増やし、同心円状に拡大することによって規模を大きくし、扠首《さす》が竪穴住居の中心部分に集まるように配置される（図21）。したがって、柱数の多寡によって住居の基本構造が大きく変わるわけではない。化粧川遺跡一号住居は焼失住居であり、竪穴部外縁から放射状に倒れこむ扠首や垂木《たるき》からみても、円錐形の屋根構造だったことが確かである（図22）。

この多数の主柱をもつ竪穴住居跡を「壁立ち」

とみて、一般の竪穴住居とは構造が異なるとする考え方の背景には、これを首長層が住む特別の住まいとする解釈がある。しかし、同様な構造をもつ竪穴住居は、松尾頭地区に限定されるわけではない。むしろ、先ほどから述べている竪穴住居跡群のなかには、多数の普通サイズの竪穴住居跡に混じって、少数の大型竪穴住居跡が存在する場合が一般的なのである。

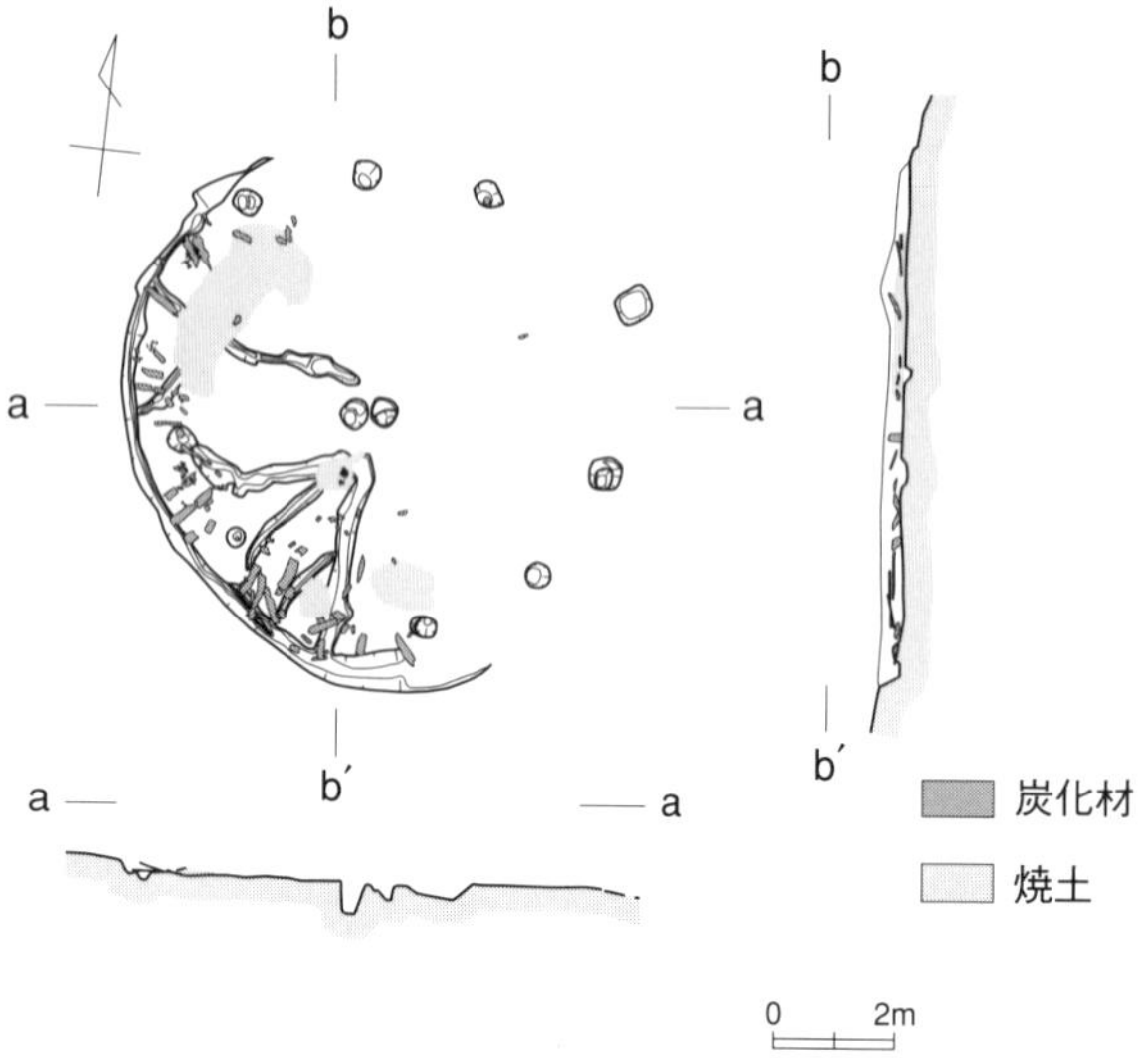

図22　化粧川遺跡１号住居

また、この種の大型住居は、後期後葉を境にして、妻木晩田遺跡ではすくなくなってくるものだ。後期後葉以降新たに登場してくるものは、竪穴の平面形が隅円方形を呈するもので、柱間を広くすることで規模を大きくする傾向がある。いわば、住居の設計原理が変わるのである。終末期の段階で規模の大きな竪穴住居跡は、やや長方形に近い隅円方形の竪穴に四本の主柱をもつもので、それ以前のものにくらべて柱間がやや広い。そして広がった柱間を補うように、中間に補助柱を設置したやや浅い柱穴が見つかる（図23）。

このように見ると、多数の柱穴をもつ大型竪穴住居跡は単純に特定の階層を反映していると見るべきではない。むしろ、竪穴住居の形態や規模は、第一義的には内部に住む人数や家族構成にかかわっているとみることが妥当である。あるいは、共同作業や集会をおこなうために、多人数を収容する必要性なども考えられる。このことは、妻木晩田遺跡よりも山間部の遺跡を見ると明瞭になる。伯耆町（旧溝口町）代《だい》遺跡は、日野川を眼下に見下ろす丘陵上の集落遺跡であるが、ここでは、古墳時代前期でも円形竪穴住居跡が主流で、床面積が五〇平方メートルを越える大規模な竪穴住居跡も複数存在する（図24）。この時期の他の遺跡では、竪穴住居跡はほとんどすべて方形で規模も小さいのが一般的である。古墳時代になると、平野に近い地域では家族形態の縮小が進み、それにつれて住居構造が変わるのに対して、山間部では伝統的な住居形式を維持しつづけたといえるのではないか。

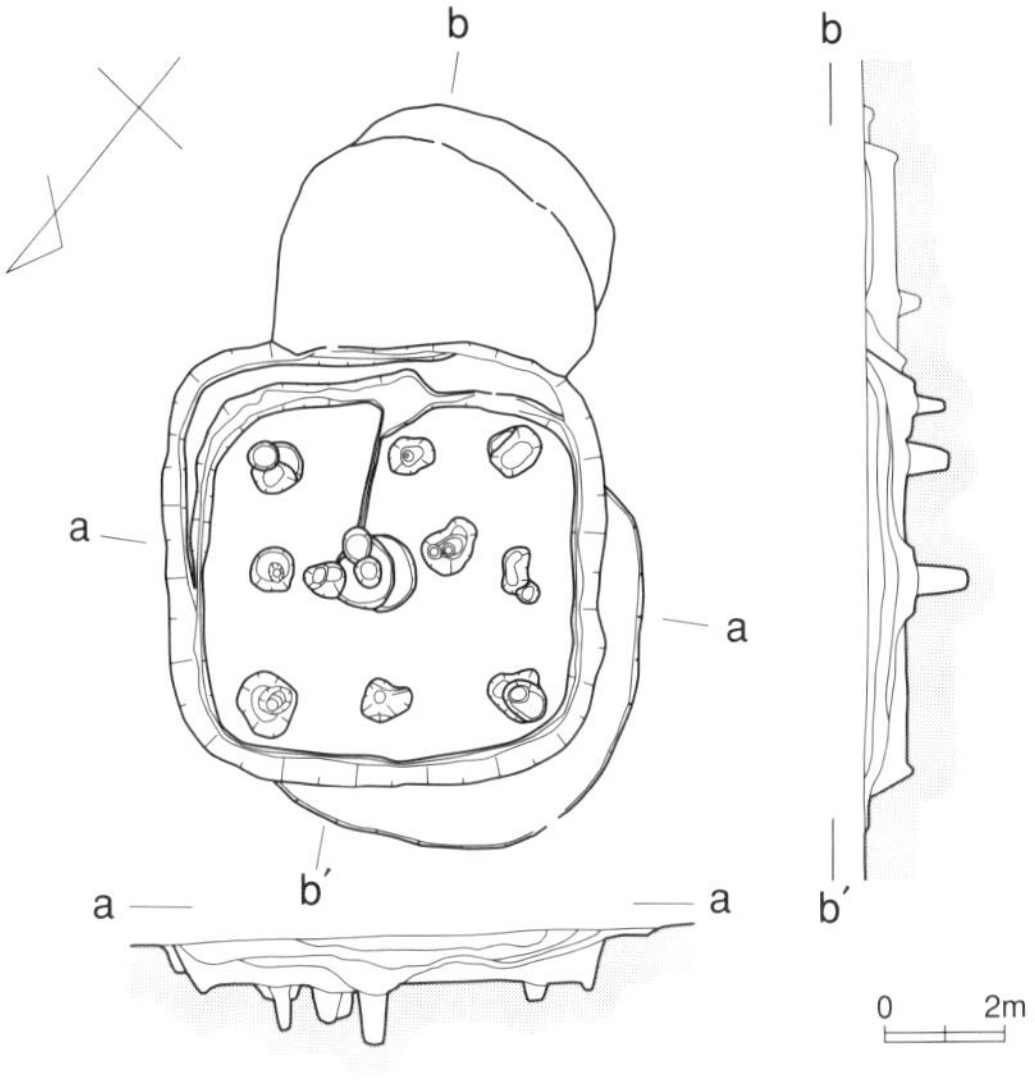

図23　妻木山11号住居

ともあれ、大型の竪穴住居跡を「壁立ち」とみる根拠は薄く、むしろ一般の竪穴住居跡と同様に周堤をもち、類似した構造である可能性が濃厚で

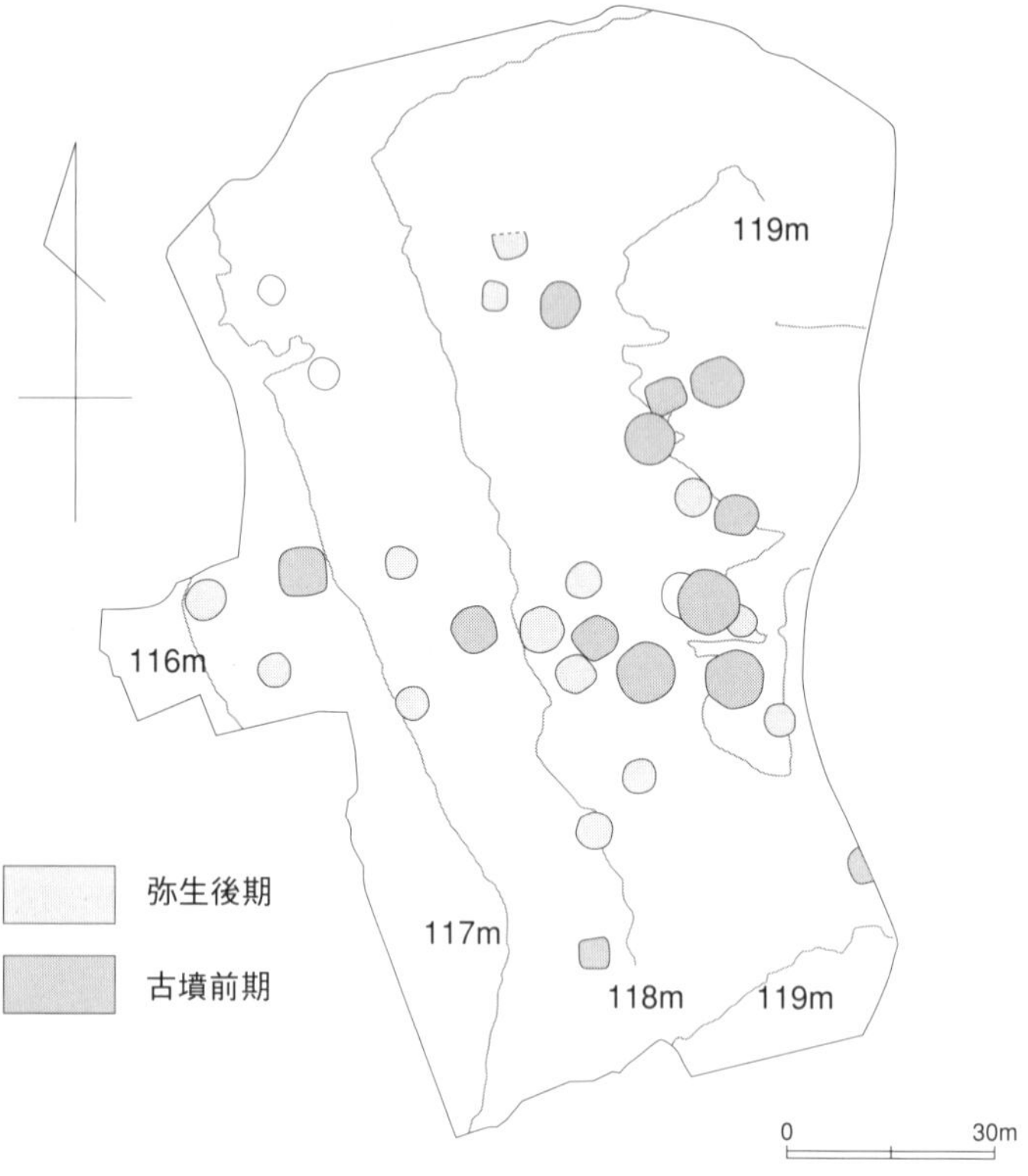

図24　代遺跡遺構平面図（縮尺1/800）

ある。したがって、松尾頭地区B群でも周堤幅を用いた同時並存関係の追求が有効であるといえよう。やや斜面部に立地していることを考慮して、周堤幅を二メートル《メートル》程度に見積もり、妻木山地区E群と同様な作業をおこなうと、やはり三パターン程度に整理できる（図25）。

8　竪穴住居跡群の中身

以上に見てきたような作業を他の竪穴住居跡群でもおこなうと、それぞれの群で同時並存する可能性は、二、三パターン程度に整理できることがわかる。このことは、発掘調査で検出された竪穴住居跡群がすくなくとも二、三段階の変遷を経た累積結果であることを示している。そして、各段階に同時に存在する竪穴住居は、おおむね二、三棟程度と理解しうる。もちろん、同時並存の最大値が三棟を超えるものは多いが、ある一定の時間幅のなかで極端な増減がないとすれば、一時期には二、三棟程度に見積もっておく方がよい。

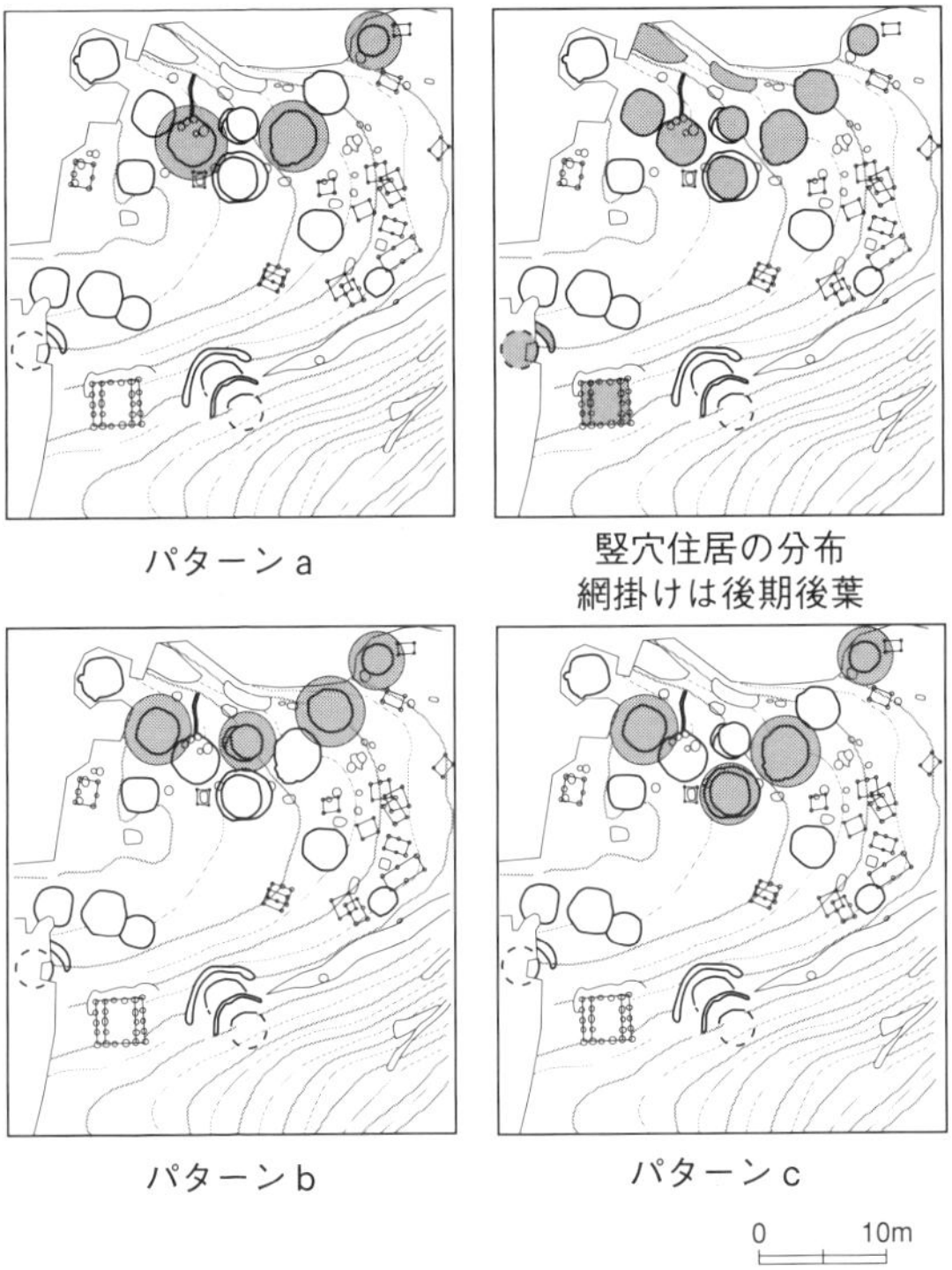

図25　松尾頭３区Ｂ群の変遷図

　こうして竪穴住居跡群としてとらえたものは、ある一時期には数棟の竪穴住居で構成されるグループといえるが、このグループはどのような性格のものだろうか。

　まず、遺構の累積がないごく単純な事例として倉吉市のコザンコウ遺跡を参考にしよう。コザンコウ遺跡は、広大な大山裾野が開析されて形成された八つ手葉状の細長い丘陵上に位置し、弥生時代の遺構としては、後期後葉の一時期のみ営まれた竪穴住居三棟で構成される集落跡が調査された（図26）。

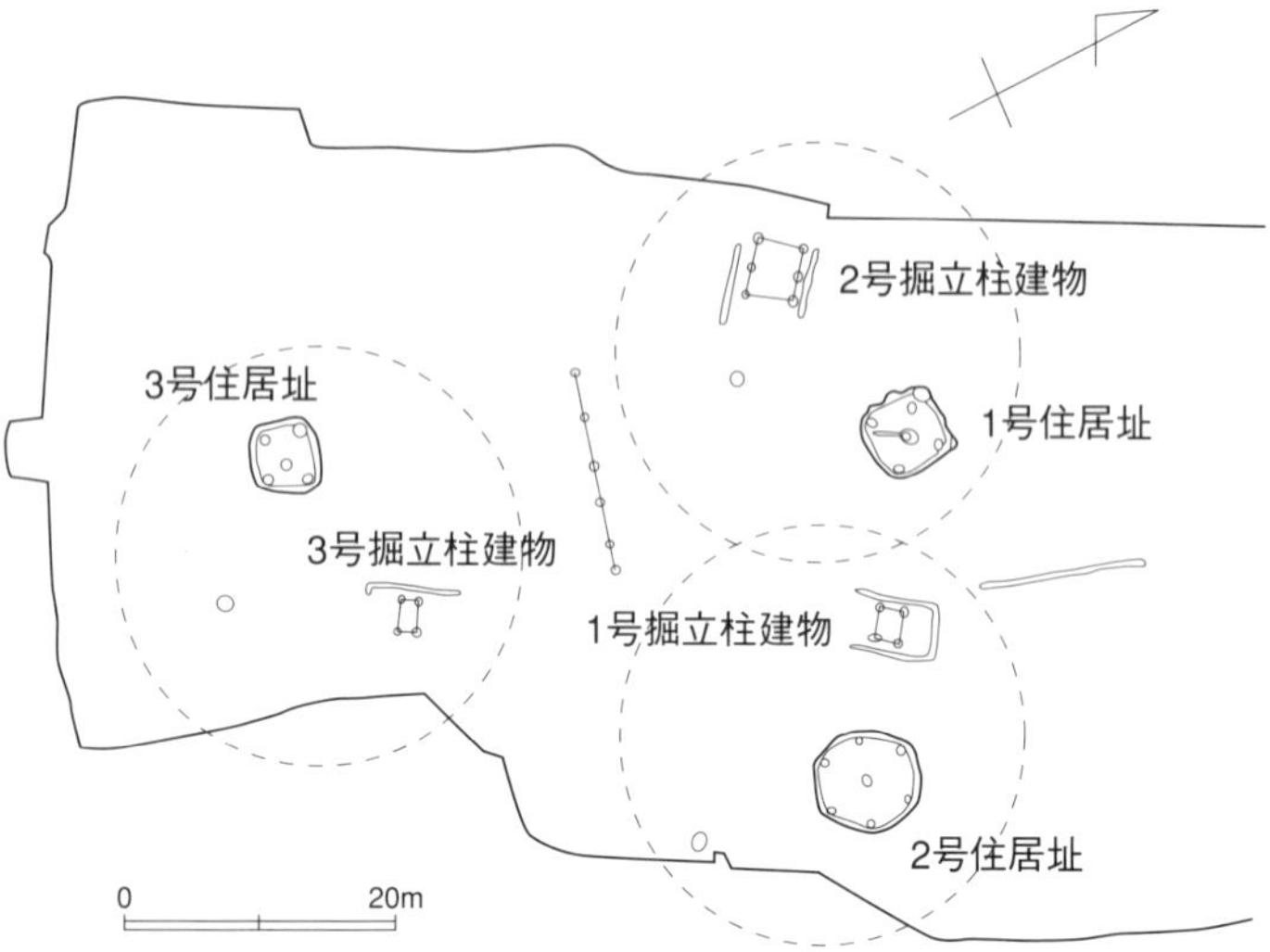

図26　コザンコウ遺跡遺構図（新編倉吉市史編集委員会 1996より）

三棟存在する竪穴住居跡間の距離は、十数～四〇メートルにも及ぶが、周壁沿いに六本の主柱をもつ比較的大型の竪穴住居跡（図中の二号住居址）と四本柱でやや規模の小さい竪穴住居跡（図中の一号、三号住居址）からなり、三〇〇〇平方メートルほどの居住領域を有している。これらの特徴からすると、コザンコウ遺跡は、妻木晩田遺跡で考えてきた竪穴住居の存在形態の典型的な姿を示していると考えられる。

さらに重要なのは、この三棟の竪穴住居跡にはそれぞれ掘立柱建物と貯蔵穴がともない、部分的な柵列や溝で敷地が分けられている点である。つまり、各竪穴住居跡には、一〇〇〇平方メートル程度の敷地がともない、竪穴住居跡から一〇メートル前後離れた位置に高床倉庫や貯蔵穴といった貯蔵施設を一つずつもっているのである。ここでは、一定の空間的領域に竪穴住居が群をなして営まれ、生活を継続している単位を、検出される遺構群に即して居住単位とよぶことにしよう。

コザンコウ遺跡で典型的に現れているように、竪穴住居一棟につき、貯蔵施設や敷地がそれぞれにともなっている。このことは、竪穴住居一棟に住む人びとが一定の土地を占有する単位であるとともに、収穫物の貯蔵、消費の基礎単位であることをも示している。そして、それぞれが播種から収穫にいたる農業経営をおこないうる実体を備えているとみなすことができる。この点で、竪穴住居一棟に住む人びとは、最も基礎的な労働を中心に結びついた人間集団の単位と考えることができるだろう。そしてそれは、基本的には血縁によって結ばれた一つの世帯（家族）とみなすことが許されよう。

そのような世帯が複数集まって居住の単位をなす点において、居住単位を構成する人間集団は、都出比呂志が説く世帯共同体ととらえることが妥当である。そして、その世帯共同体が複数世代にわたって、同じ場所で住みつづけた結果が遺構群としての居住単位の内実であると考えられる。小型竪穴住居二棟に対して一棟の大型竪穴住居が存在するコザンコウ遺跡は、「家長」世帯など中核的な世帯を中心に近親者の各世帯が付随する姿と考えられる。

妻木晩田遺跡は、コザンコウ遺跡のような基礎的な単位が多数集合した姿ととらえられる。遺構密度が低い空閑地を介在させつつ、居住単位が展開する様子は、自立的な「家族」集団がたがいの居住領域を乱すことなく生活している姿を想定するのが自然であろう。

9　鉄製品から見た居住単位間の関係

以上のように、妻木晩田遺跡の集落像を複数の居住単位の集合体と理解してくると、各居住単位の関係はどのようなものだったかという点が次の疑問として出てくる。そこで、その関係を探るために、ここに住んだ人びとが使っていた道具に着目しよう。残念ながら、妻木晩田遺跡をはじめとした丘陵上の遺跡では、遺物の残りがよくない場合が多く、生活道具全般に関する検討はできない。しかし、妻木晩田遺跡では現在までに三〇〇点を越える鉄製品が出土している。これをもとに考えてみよう。

鉄製品といっても、その中身はさまざまだ。木材の加工に用いる斧、ヤリガンナ、ノミのような小型の工具が多く見られ、玉つくりの際に原石を加工したり、穴をあけたりする道具として細長い棒状の鉄製品が多いのが山陰の特徴である（図27）。そして、農作業に用いる鎌や鋤の刃先のような大形品が一定量存在する点で北部九州と似た傾向をもち、北部九州製や朝鮮半島製など外来の鉄製品も存在する（図28）。このような点で、山陰の弥生時代鉄器文化が九州や朝鮮半島南部のそれとつながりの強い性格を帯びていることは、これまでにも村上恭通らによってたびたび指摘されてきた。また、製品をつくる際の素材となったと考えられる鉄板（以下、素材鉄板）も存在し（図29）、鍛冶炉と考えられる竪穴住居床面の焼土面も存在するから、自前で製品をつくっていることは疑いない。各居住単位は、これらの鉄製品をどのように保有しているのだろうか。その出土状況を検討した高尾浩司や馬路晃祥の作業を参考にしながらみてみよう。

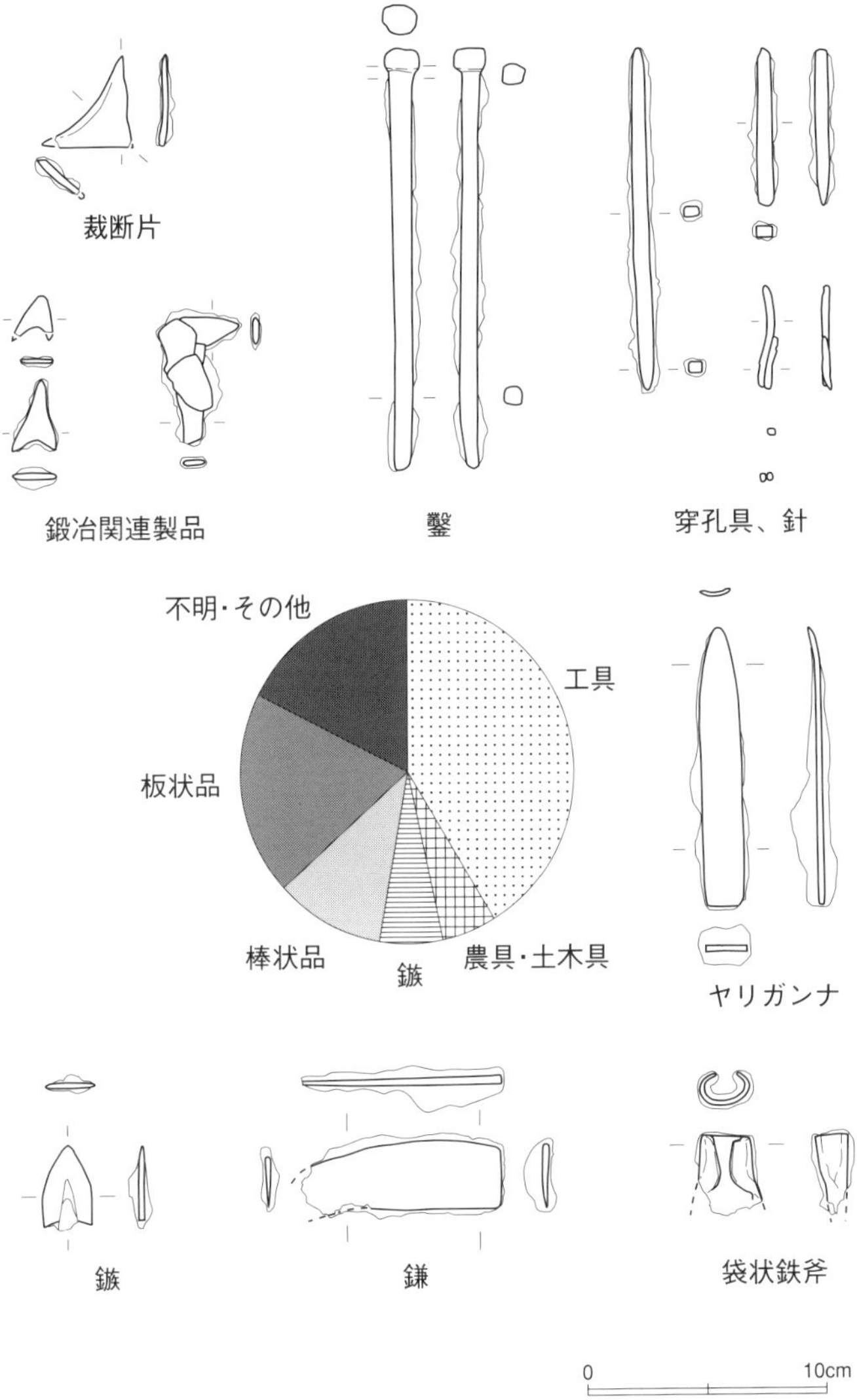

図27　妻木晩田遺跡における鉄製品の構成

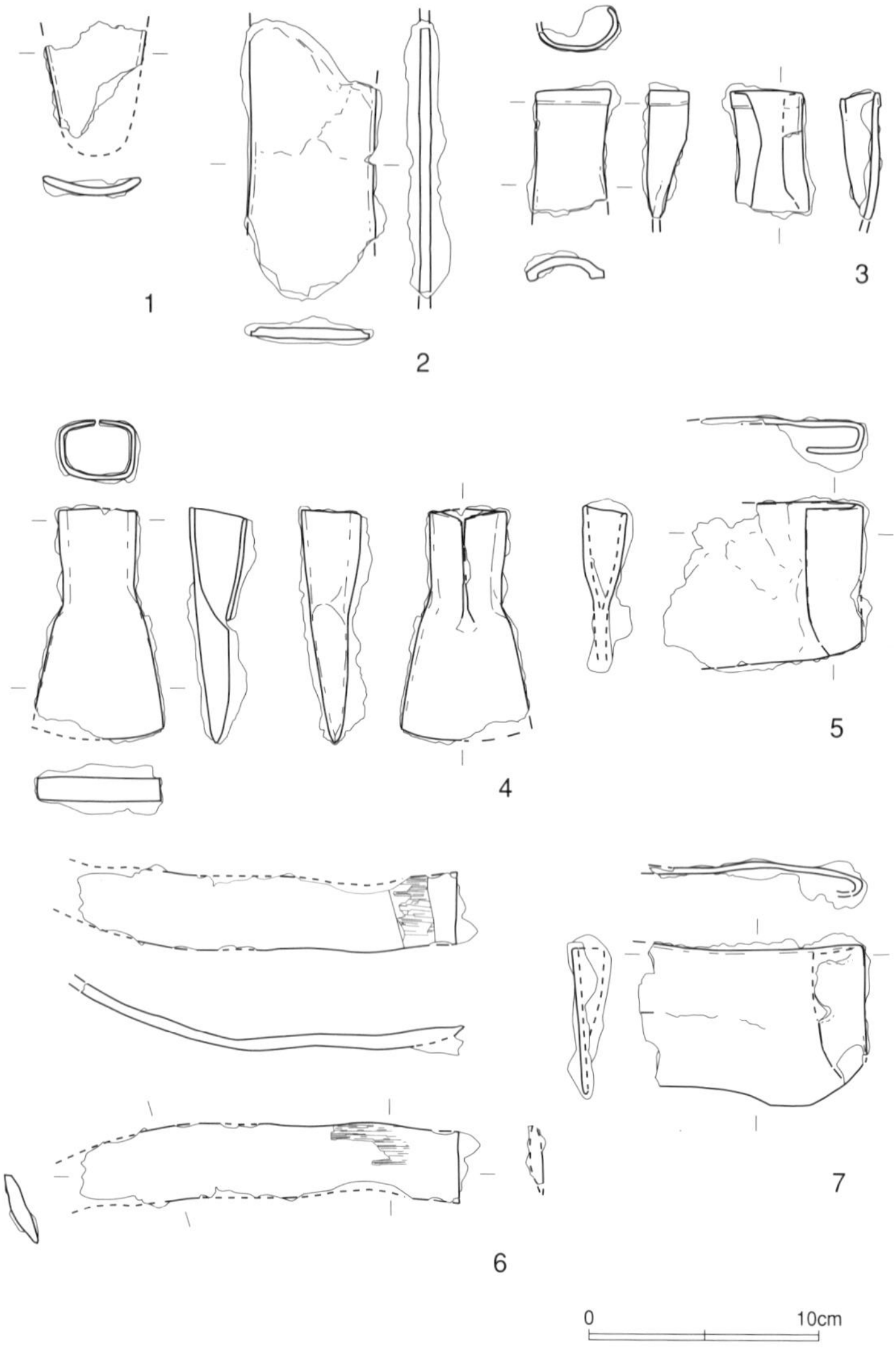

図28　妻木晩田遺跡出土鉄製品（外来系・大形品）

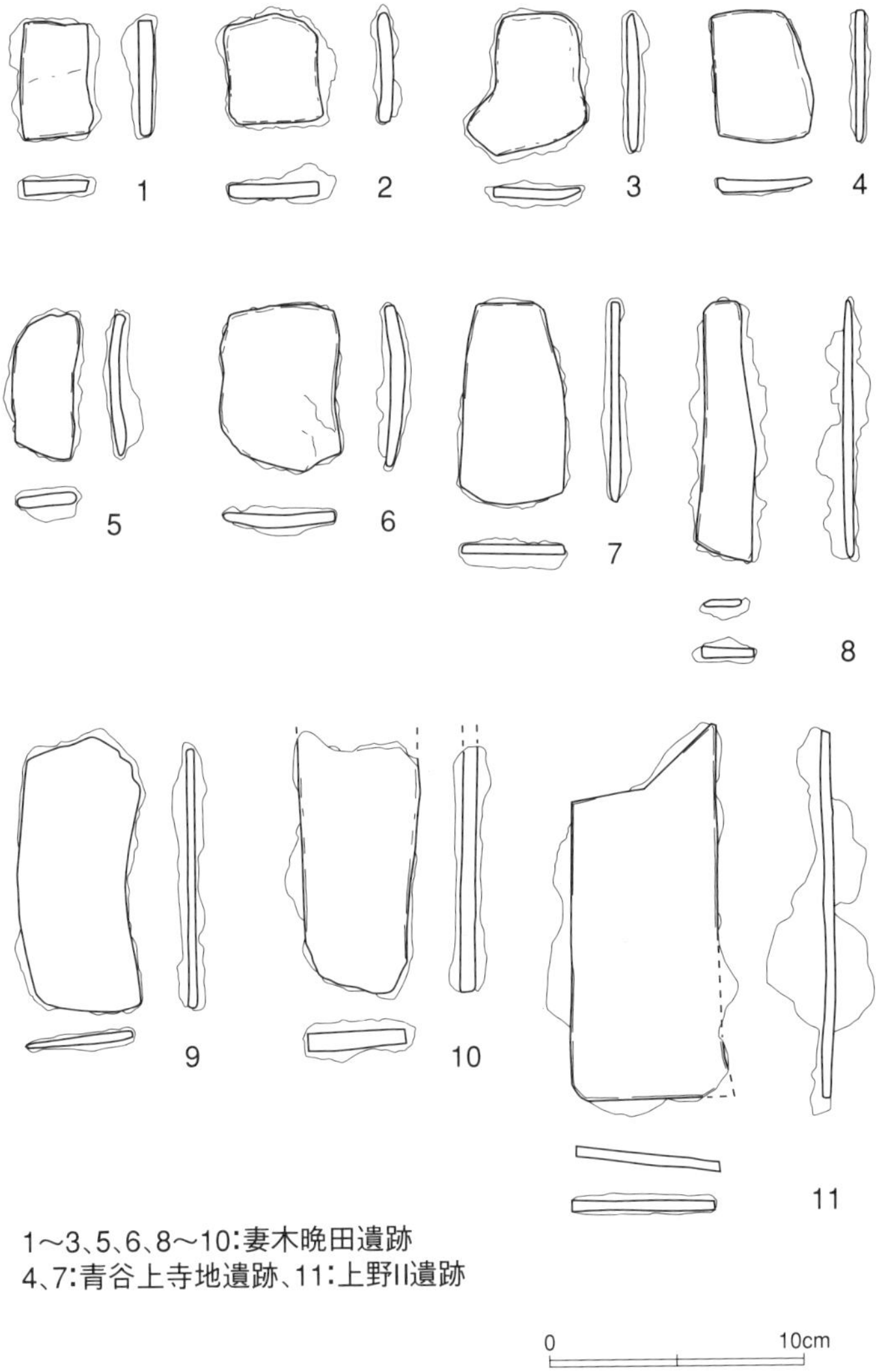

図29　素材鉄板と考えられる鉄製品

図30　後期前葉における鉄製品の分布

後期前葉には、妻木新山地区に住む居住単位ではほぼ満遍なく数点ずつ鉄製品を所有しているが、ヤリガンナや棒状鉄器のような小型工具しかない。他の地区では鉄製品がみられないが、この時期にはまだ人が多く住んでいないことの反映だろうか（図30）。素材鉄板をもっている単位が一単位存在するから、すでにこの時期に鉄器製作をおこなっていた可能性がある。

後期中葉になると、各地区に複数の居住単位が現れて数が大幅に増加するとともに、鉄製品をもつ単位も広がる（図31）。鉄製品の種類も増え、鉄斧や鋤先や鎌などが現れる。北部九州製の鉄斧が妻木新山地区で、朝鮮半島製の鋳造鉄器が松尾頭地区で見つかっているほか、妻木山地区と松尾頭地区で素材鉄板をもっている単位が一単位ずつ存在する。

後期後葉では、居住単位がさらに増加するとと

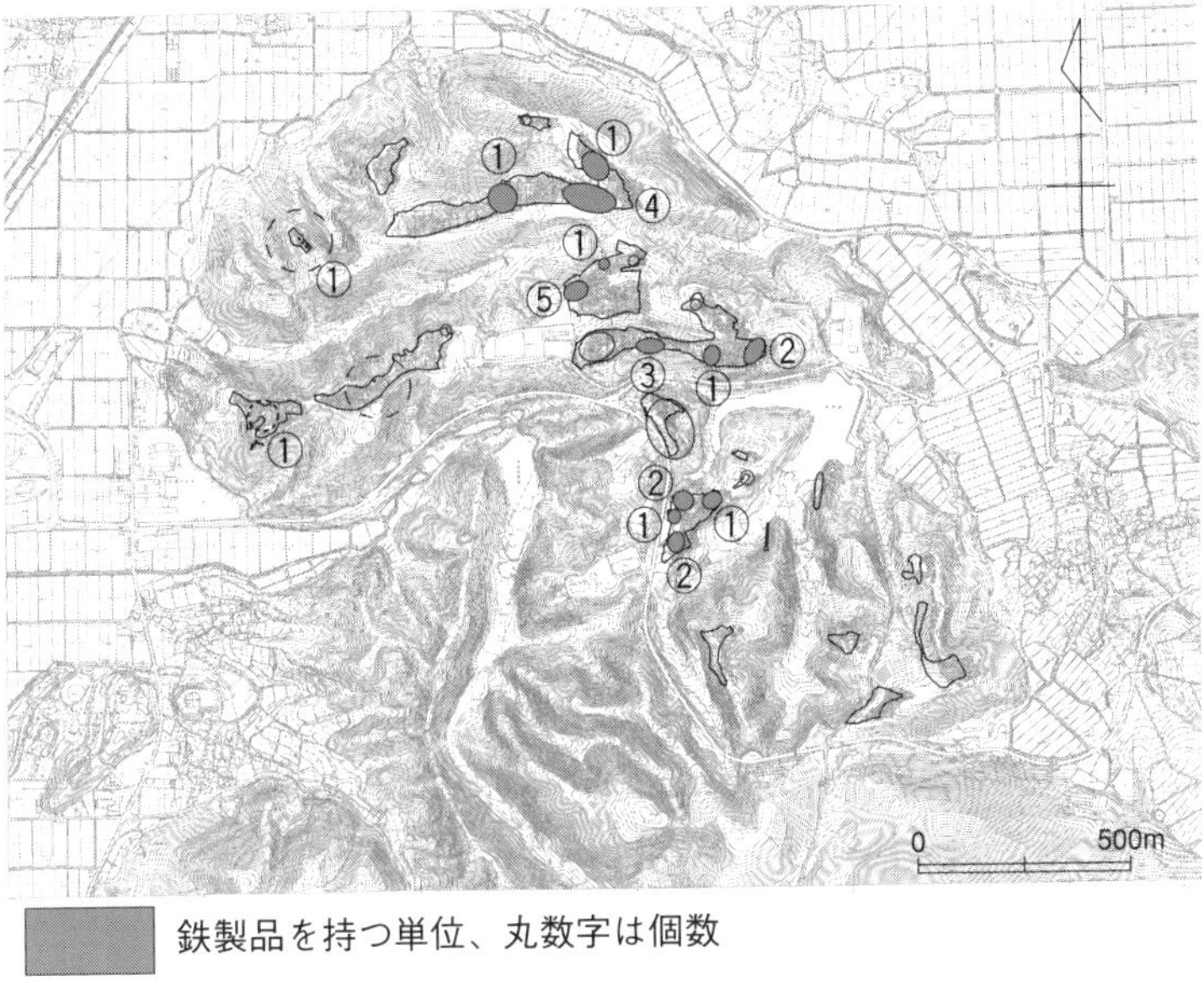

図31　後期中葉における鉄製品の分布

もに、竪穴住居跡の数も劇的に増加する。そして、鉄製品が広く普及するとともに、種類もほとんど出揃ってくる。鉄器化の大きな画期である。それ以前にはいずれの単位も鉄製品の保有量が数点レベルで、大きな格差がなかったのに対し、この時期になると一〇点以上保有する単位も現れる。ただし、素材鉄板をもっている単位は妻木新山地区、妻木山地区、松尾頭地区の六単位に及ぶ。加工の際に生じる端切れや裁断された痕跡のある鉄製品をもつ単位はさらに多いから、多くの単位で鉄製品を加工することができたと考えられる。また、北部九州製の鉄斧が妻木山地区と洞ノ原地区に存在する（図32）。外来系の遺物という視点で見れば、この時期には、松尾頭地区、松尾城地区に中国鏡の破片（破鏡）も存在する（図33）。妻木山地区にも鏡が存在したが、さびの状態などを見ると中国製ではなく、北部九州製の可

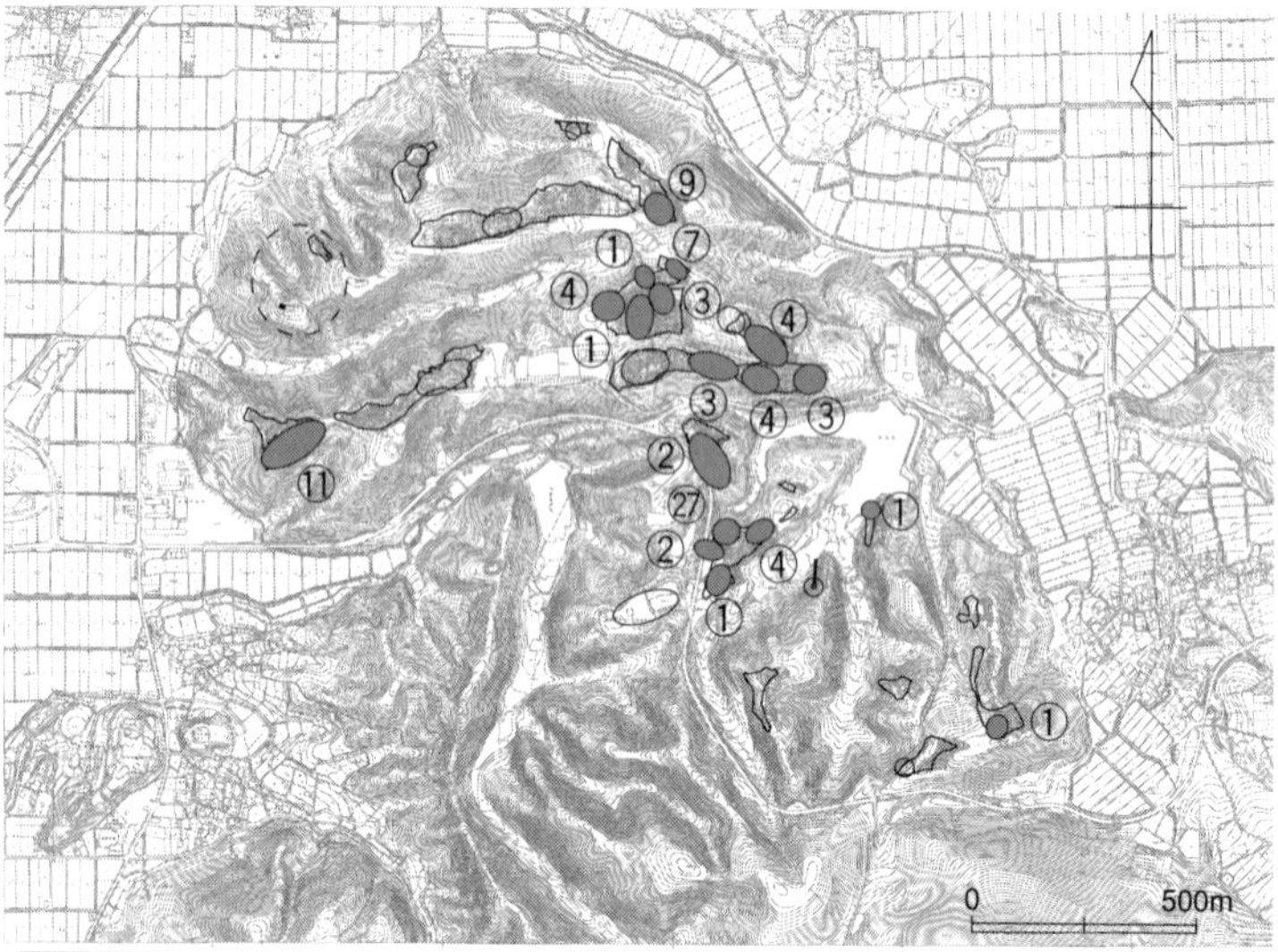

鉄製品を持つ単位、丸数字は個数

図32　後期後葉における鉄製品の分布

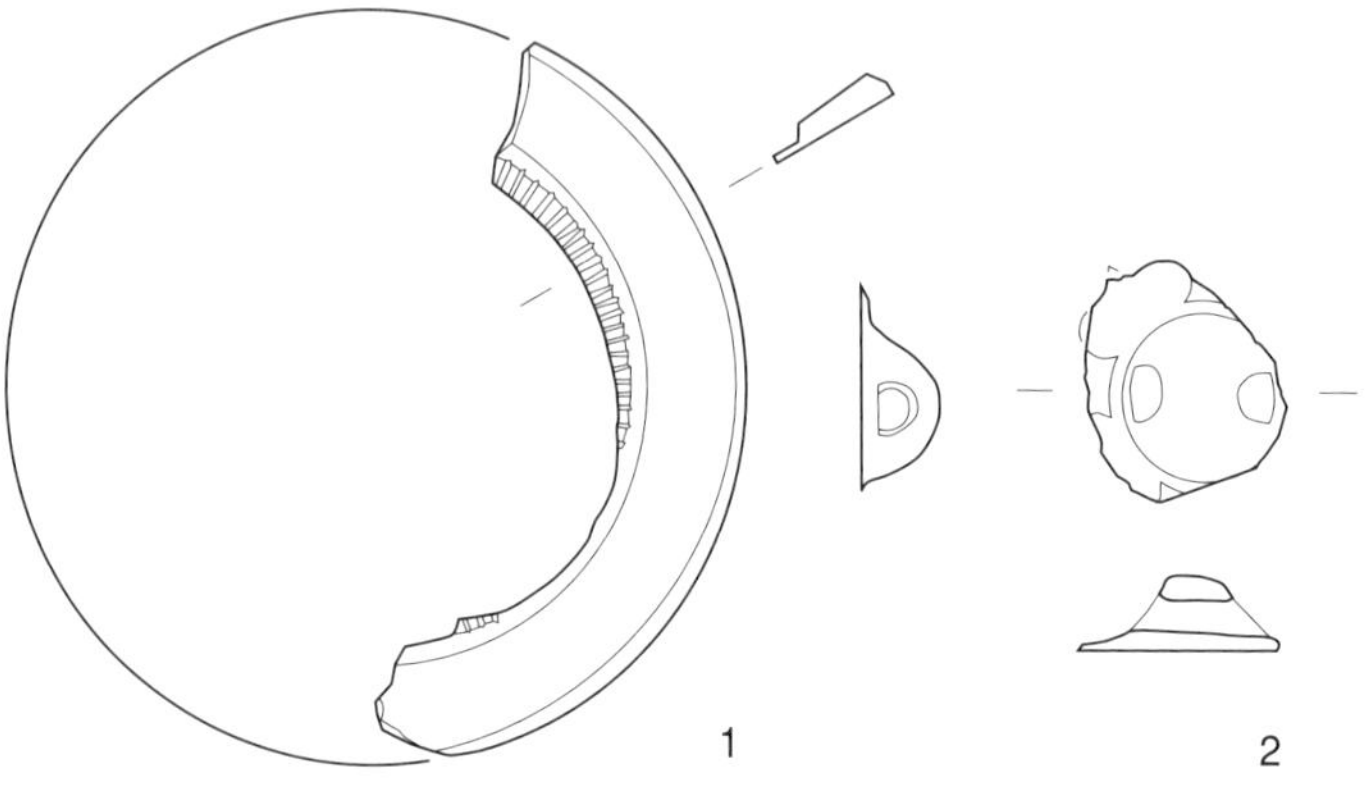

1.松尾頭45号住居、2.松尾城11号住居

図33　妻木晩田遺跡出土破鏡

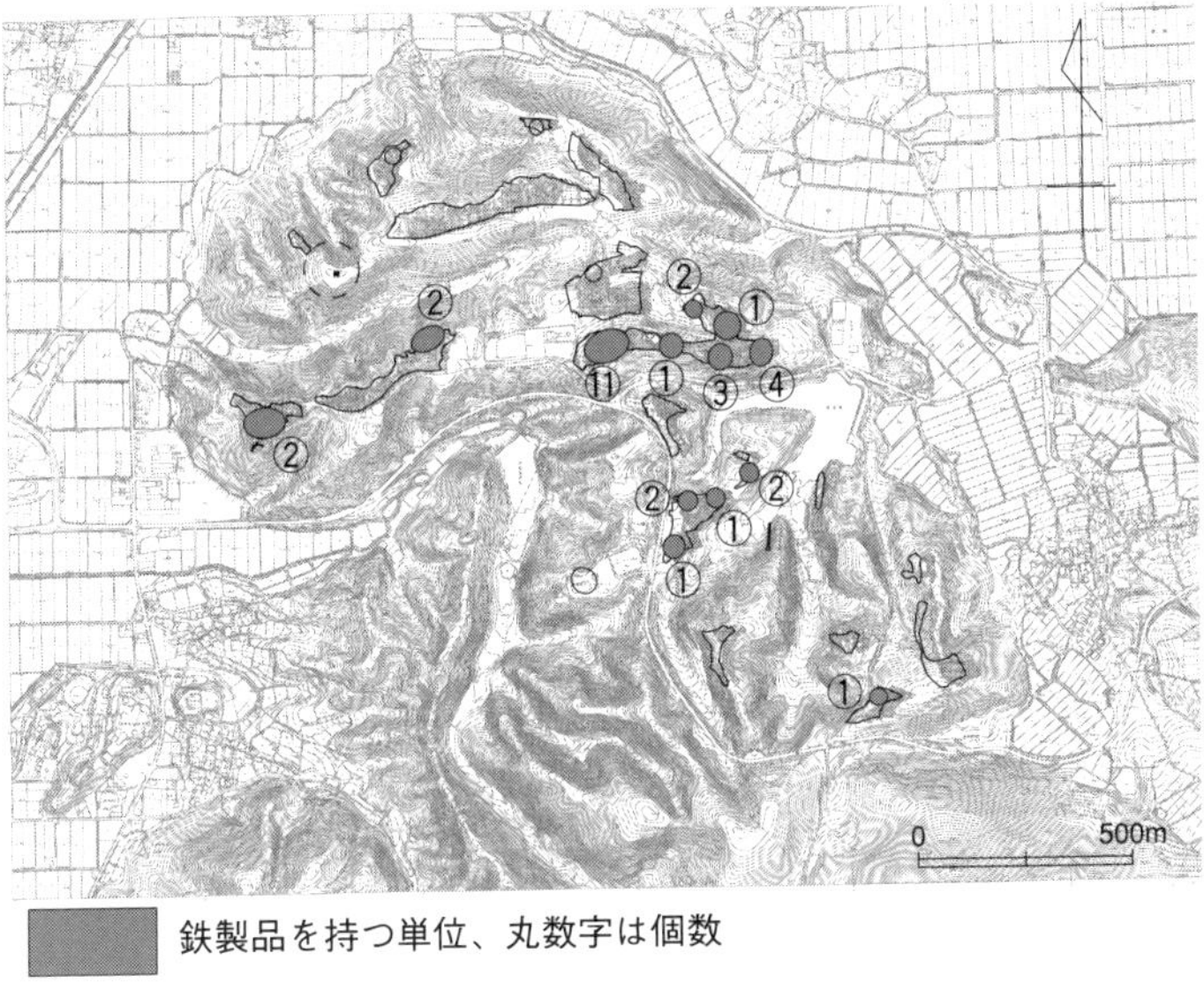

図34　終末期前半における鉄製品の分布

能性がある。

終末期には、居住単位数も竪穴住居跡数も最盛期にくらべて減少するが、一棟あたりの鉄製品はさらに増加している。種類も数も充実しており、この時期に弥生時代の鉄器化は頂点を迎えたといえよう（図34、35）。やはり、一〇点以上鉄製品を保有する単位と数点しか鉄製品をもたない単位があるが、素材鉄板をもっている単位は、後期後葉と同様なあり方を示す。妻木山地区には北部九州製の鉄斧や朝鮮半島製の鋳造鉄器など外来系の鉄器を保有する単位がある。

このように、妻木晩田遺跡における鉄製品の出土状態を見てくると、一つの居住単位や地区に集中するわけではなく、複数の居住単位、地区にわたって鉄製品が行き渡っていることがわかる。しかも、素材鉄板や鍛冶をおこなったと考えられる炉跡が存在する居住単位も複数存在するから、ど

図35　終末期後半における鉄製品の分布

こか一カ所に工房が集中するわけでもなさそうだ。北部九州製や朝鮮半島製と考えられる鉄製品も同様である。

一方、ある時期を見ると、鉄製品の保有数に差が存在する。とくに、後期後葉以降では、もつものともたざるものの差が大きいように思われる。このように鉄製品を多くもつ単位は、その獲得にあたって優位に立つ集団であり、周辺の居住単位に鉄製品を供給する役割を果たしたのだろうか。

いまここで、各居住単位が生活を営む間に累積的に獲得してきた鉄製品の総量を比較してみると、六〇点もの鉄製品を獲得した単位がある一方、一点の鉄製品も獲得していない単位があることがわかる。一〇点以上の鉄器を獲得した単位と一〇点未満の単位に分けて比較すると、一〇点以上の鉄製品を獲得した単位は居住期間が長い上に、鉄製品の普及率が飛躍的に伸びる終末期まで

表2　居住期間と鉄製品保有数の関係

	後期			終末期		その他	合計
	前葉	中葉	後葉	前半	後半		
妻木新山２区東～１区南	**2**	**4**	**9**	0	**3**	0	18
妻木山３－７区C	0	**0**	**3**	0	**17**	3	23
妻木山３－７区D	0	**5**	**4**	**0**	**0**	2	11
妻木山２区A	**0**	**0**	**0**	**11**	**4**	0	15
妻木山２区B	0	**3**	**3**	**1**	**4**	0	11
妻木山２区C	0	**1**	**4**	**3**	**18**	0	26
妻木山２区D	0	**2**	**3**	**4**	**6**	0	15
妻木山１区南	0	0	**4**	**1**	**10**	0	15
洞ノ原西	0	**1**	**11**	**2**	**0**	47	61
松尾頭３区B	0	**2**	**27**	**1**	**3**	0	33

	後期			終末期		その他	合計
	前葉	中葉	後葉	前半	後半		
仙谷地区	0	1	0	0	0	0	1
妻木新山３区	**2**	0	**0**	**0**	**1**	0	3
妻木新山２区西	**2**	0	**0**	0	**0**	0	2
妻木新山２区中央	**3**	**1**	0	0	0	0	4
妻木新山１区北	**1**	**1**	0	0	0	0	2
妻木新山１W区	0	**0**	**0**	0	0	0	0
妻木山３－７区A	0	**0**	**7**	0	0	1	8
妻木山３－７区B	0	1	0	0	0	0	1
妻木山３－７区E	**0**	**0**	**1**	0	0	0	1
妻木山３－７区F	**0**	0	**0**	0	0	0	0
妻木山１区北	0	**0**	**0**	**2**	0	0	2
洞ノ原東	0	0	**0**	**2**	**0**	0	2
松尾頭１区A	0	**0**	**2**	0	3	0	5
松尾頭３区C	0	**1**	**4**	**1**	**0**	0	6
松尾頭３区D	0	**1**	**2**	**1**	**2**	1	7
松尾頭３区E	0	**2**	**1**	**3**	**1**	0	7

※太数字は竪穴住居が存在する時期

存続するものばかりである。それに対し、一〇点未満の鉄製品しかもたない単位には、調査区が狭く部分的にしか検出されていない単位や、居住期間が相対的に短い単位が多く含まれている（表2）。

このことは、原則として、鉄製品の獲得数が居住期間の長さと相関関係にあることを示していよう。つまり、妻木晩田遺跡で長く生活をつづけることが鉄製品の入手にあたって有利に働いたとみることができそうだ。また、量だけでなく、外来系の鉄製品など質的に優れたものが入手できる機会にも恵まれたといえよう。

しかし、一〇点未満の鉄製品しかもたない短期の居住単位でも素材鉄板をもつ上に、鉄器加工をおこなったような鉄片が出土している場合があるから、短期居住の集団でも鉄器製作をおこない得たことは注意されてよい。素材鉄板そのものは妻木晩田遺跡内で自給できるものではないから、外部から獲得された資源が入手されたのであろう。長期居住者が総合的に有利な立場に立っていたとしても、それが固定的でなく、短期居住者にもそれなりのメリットが与えられた点が重要である。このことは、松尾城地区のように後期後葉になってはじめて出現し、その後細々とつづいている単位にも中国製の鏡がもたらされていることが傍証となる。機会に恵まれれば鉄製品や外来系の物資の恩恵にあずかることができるからこそ、各居住単位が集住したと考えるならば、それぞれの単位は物資獲得の利害関係で密接に結びつき、全体としてより大きな共同体を構成していたといえる。

後期後葉以降には居住単位間で格差が生じつつあった可能性があるが、どの時期を通じても鉄製品を独占するような単位は存在しない。このことは、集落内部の物資流通が特定集団による再分配によるのではなく、互酬的な関係を通じておこなわれたものであることをうかがわせる。居住単位間の関係は、現実の面では格差が生じつつも、原則として平等志向であり、機会均等が図られたと考えられる。

10　墳丘墓群の評価

次に、妻木晩田遺跡に住んだ人びとが残した墓に着目しよう。といっても、すべての人びとの墓が見つかっているわけではなく、一部の選ばれた数の人が葬られた墳墓が見つかっているにすぎない。大多数の人びとがどこでどのように葬られたかは不明であり、今後の調査課題の一つだ。

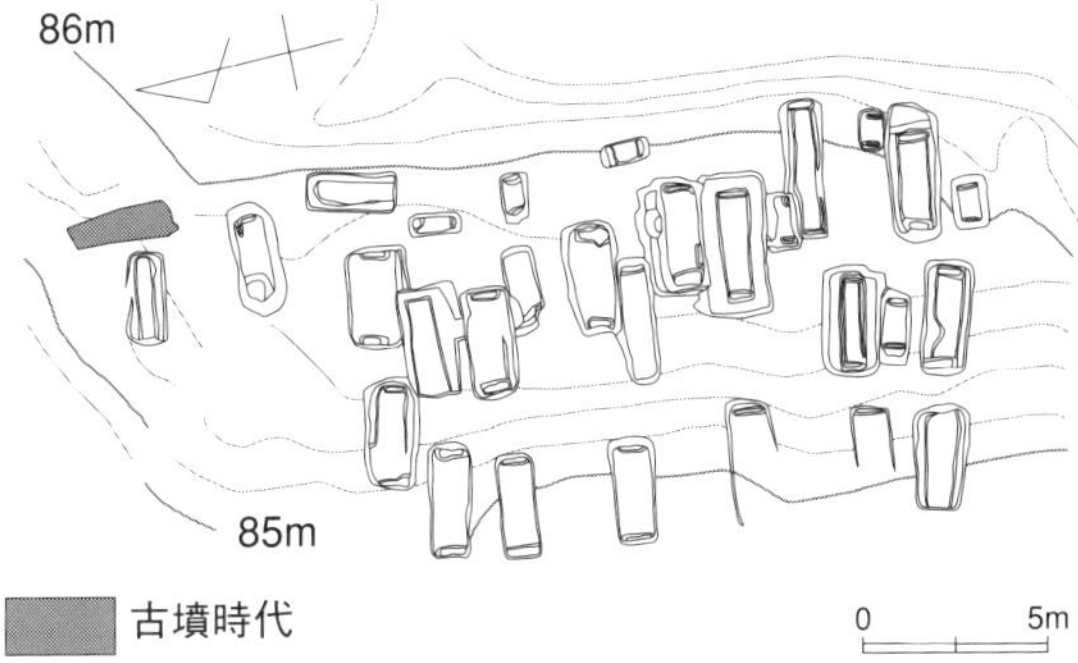

図36　日下遺跡の木棺墓群

　弥生時代中期以前には、世帯ないしは世帯共同体単位で墓をつくったと考えられ、群在する木棺墓が見つかっている（図36）。この地域では、明確な区画も墳丘ももたない伝統がつづいていた。したがって妻木晩田遺跡、あるいは尾高浅山遺跡で後期になって出現する墳丘墓は、それ以前の墓制とは一線を画すると考えなければならない。そこで、発掘調査で判明した事実を整理し、遺跡内で見つかっている墳墓群の性格を考えてみたい。

　洞ノ原墳墓群は、一一基の四隅突出型墳丘墓と七基の方形貼石墳丘墓からなる。この他に、墳丘があったかどうか不明な墳墓が三基、墳丘墓の周囲につくられた木棺墓が四基存在する。長辺七《メートル》以上で大型の一号墓、二号墓を取り巻くように、長辺六《メートル》台～四《メートル》台の中型、長辺三《メートル》以下の小型の墳丘墓が営まれている（図37）。これらは、出土した土器から見れば、後期前葉から中葉にかけ

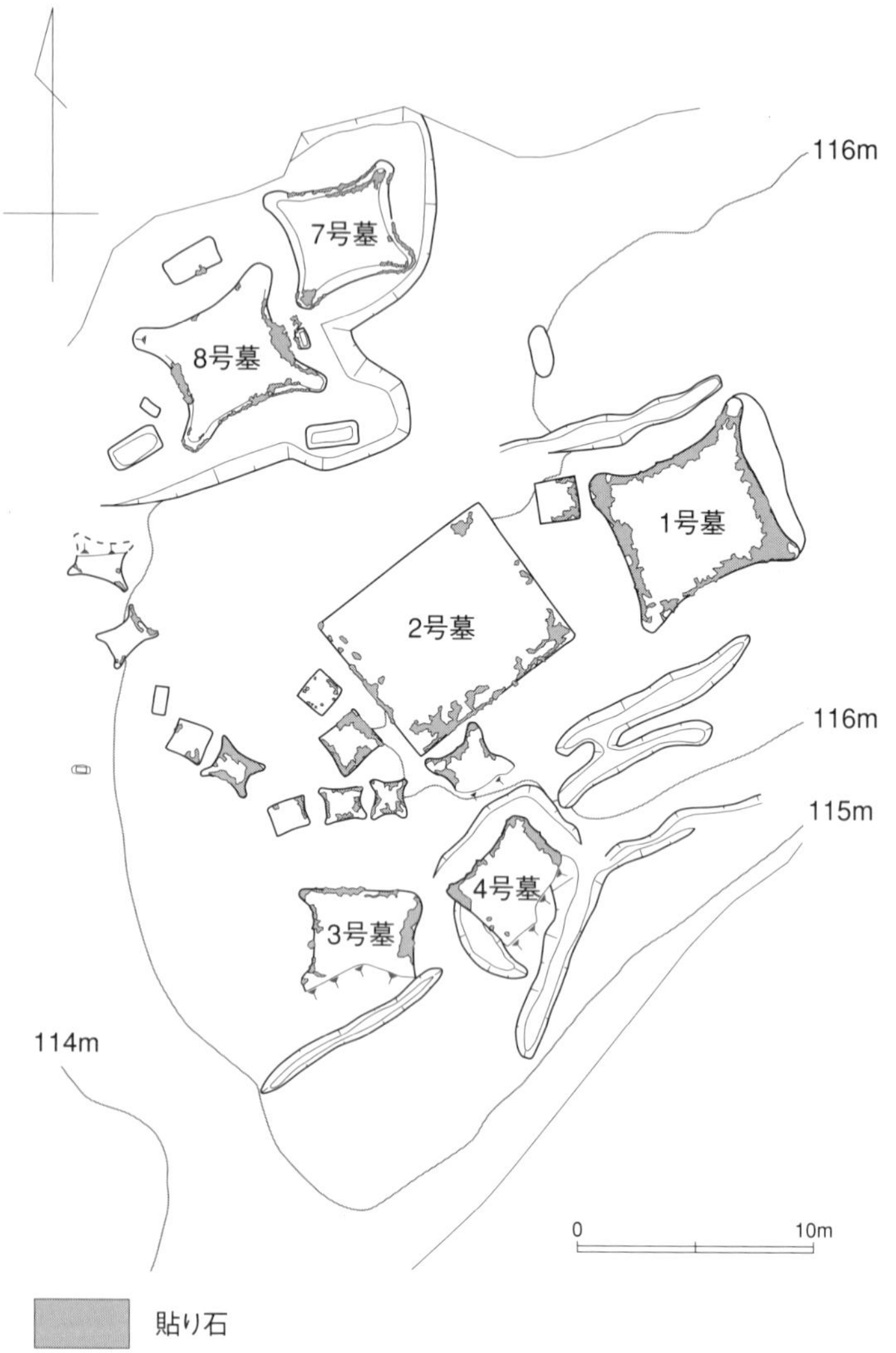
116m
7号墓
8号墓
1号墓
2号墓
116m
115m
4号墓
3号墓
114m
0
10m
貼り石

図37　洞ノ原墳墓群

てつくられたものである。墳丘の高さは、大型のものでも三、四〇チセン《センチ》と低く、中型、小型のものはいずれも一五チセン《センチ》程度しかない。

検出された直後に保存問題が表面化し、調査が中断されたため、埋葬施設などの詳細は明らかになっていないが、一号墓、二号墓では、墳丘上面で埋葬施設の落ち込みと考えられる黒褐色土の広がりが観察されている。一方、保存決定後の埋め戻し前におこなわれた部分的な追加調査では、小型の五号墓、九号墓、一七号墓の墳丘の下に木棺墓と考えられる埋葬施設が存在した。

出土した土器で古相を示す一号墓、二号墓が最も初期に築造されたと考えられる。丘陵の最も高所を占め、分布の中心近くに位置する二号墓は、方形の貼石墳丘墓であり、四隅突出型墳丘墓ではないが、南東隅に人頭大の大きな石を据えてコーナーを強調する。一方、一号墓は四隅突出型墳丘墓で、北東隅の突出部のみ長く伸び、他の突出部は、丸く収まる形をしている。四隅突出型墳丘墓の起源は、中期後半までに中国地方の山間部、広島県北部の三次盆地で成立した貼石墳丘墓に求められると考えられてきた。この地域の墳丘墓では、四隅の部分に「踏石状石列」とよばれる一列の貼石があり、墳丘上にいたる墓道と認識されている。これが長大化するとともに、本来の道としての意義を失って形骸化した結果が山陰で大型化した四隅突出型墳丘墓と理解されてきた。洞ノ原一号墓はそのような発展過程を示す好例として注目される。

洞ノ原墳墓群は、この時期の山陰の墓制を考える上できわめて重要な問題を提供しているが、極小サイズの四隅突出型墳丘墓を含んでいることのほかに、円環状に配列された姿そのものも大きな問題を孕んでいそうである。さらに、すでに述べたように、継続期間が眼下に見える環壕と重なっているのである。

仙谷墳墓群は、妻木晩田遺跡の北西端に位置し、平野部と日本海を見渡す絶景のポイントにある。ここでは、四基の墳丘墓が発掘調査されたが、最も規模が大きな一号墓は、部分的な調査のまま保存された。また、保存決定後の埋め戻し前におこなわれた追加調査によって、発掘調査された三基（二、三、五号墓）が立地する丘陵先端部につづいて、さらに三基の墳墓が存在することが明らかになった（図38）。

これらは、洞ノ原墳墓群のうち、最も新しい八号墓と並行する後期中葉から営まれ始め、終末期前葉までつづいていると考えられる。調査された墳墓のうち、確実に四隅突出型墳丘墓とよべるのは一号墓と二号墓である。他の墳墓は貼石をもつ墳丘墓、貼石をもたない墳丘墓、墳丘をもたず溝で区画するだけの区画墓など多様な類型で成り立っているようだ。この点で、基本的に貼石をもつ墳丘墓だけで構成された洞ノ原墳丘墓群とは印象が異なる。出土した土器から考えると、丘陵先端に近い三号墓から築造されたと考えられ、終末期前半に位置づけられる四号墓を除いて、あまり時間をおかずに連続して築造されたようだ。

三号墓は、北東側と南東側に貼石をもつ方形の墳丘墓であるが、地形に制約されて北西部がいびつに広がっている。貼石をもつ辺が接する東隅はかく乱によって失われているが、この部分が突出部となっていた可能性はある。二二基もの埋葬施設が見つかっており、いずれも箱形の木棺を収めていたと見られる。墳丘の範囲を越えて埋葬施設が広がっており、南西辺からはみ出した埋葬施設がいずれも他より浅いことを考えると、墳丘が盛り足された可能性もある。

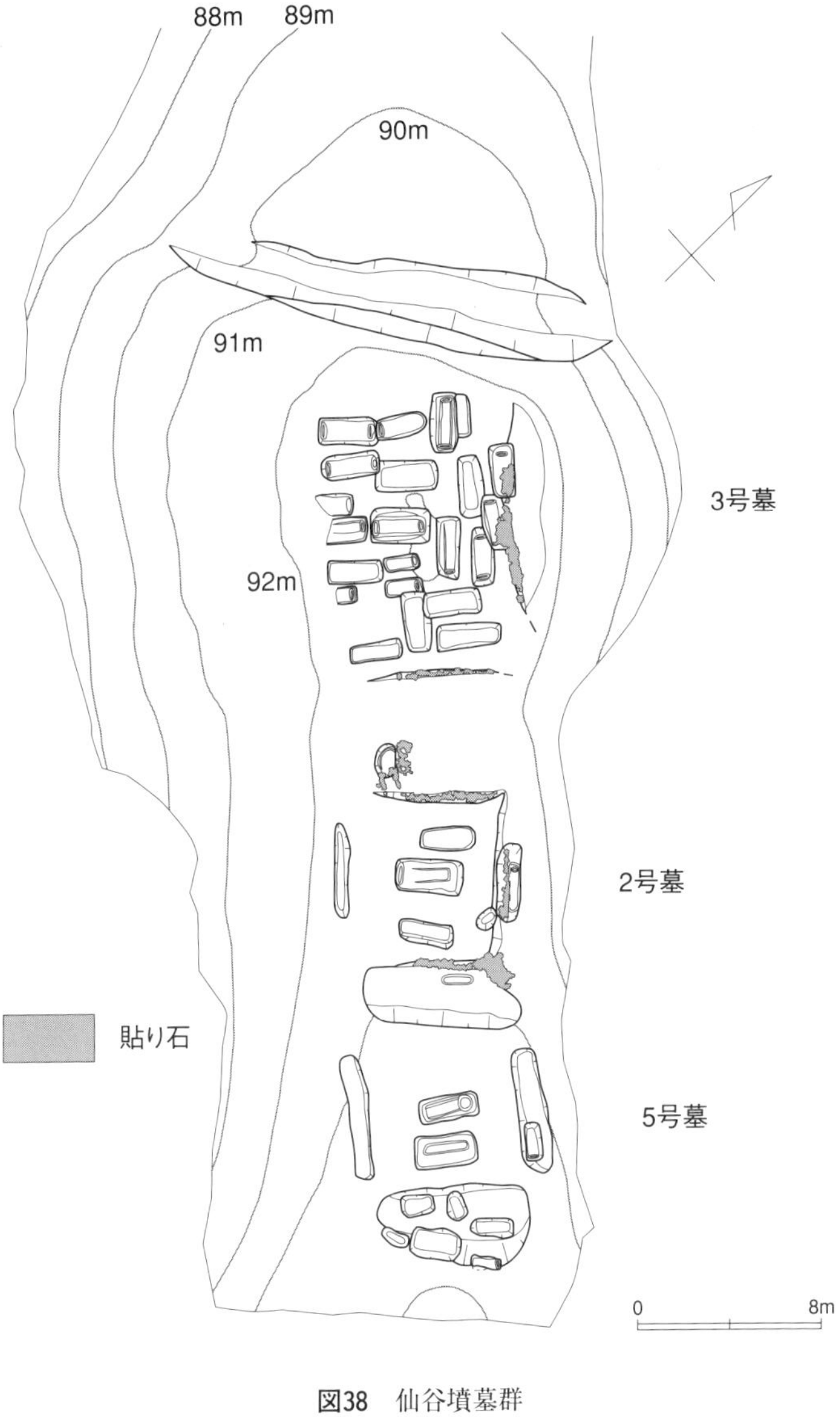
88m
89m
90m
91m
92m
3号墓
2号墓
5号墓
貼り石
0
8m

図38　仙谷墳墓群

二号墓は西側を除く三方に貼石をもち、東隅の一カ所に突出部が存在するほか、西隅にも突出部の一部とも考えられる石列が存在する。墳頂部に三基の埋葬施設があり、北東辺と南東辺の溝内にも一基ずつ土壙墓が存在する。墳頂の中心的埋葬施設では、被葬者の頭部と考えられる棺の西側に朱らしき赤色顔料が存在した。

　五号墓は貼石をもたず、四隅が途切れた溝で周囲を区画する。墳丘上に二つの埋葬施設があるほか、南東辺の溝内に六基、北東辺の溝内に一基の木棺墓ないしは土壙墓が営まれている。南東辺の溝内に転落した供献土器は、後期中葉から後期後葉の特徴をもつ。四隅が途切れた溝で周囲を区画する墳丘形態は、終末期前半の四号墓と共通し、さらに終末期後半の松尾頭墳墓群に引き継がれる要素である。また、三号墓の段階では無理矢理でも墳丘内に埋葬しようとした形跡がうかがえるが、二号墓、五号墓の段階では、墳丘に埋葬される人と墳丘外に埋葬される人の関係が明確になったようである。

　遺跡内最大の一号墓は、長辺一五メートルを測る。墳丘の高さが約一メートルあり、墳端に列石をもつ点で、遺跡内の他の四隅突出型墳丘墓とは異質である（図39）。また、ほぼ単独で立地する点も注目される。なお、仙谷墳丘墓群からは、典型的なV－三様式の土器が見つかっていない。このため、集落が最盛期を迎える後期後葉に、肝心の大型墳丘墓がないと考えられてきた。しかし、仙谷墳墓群が全体として後期中葉から終末期までの時間幅をもっていることを考えると、一号墓が最盛期につくられた墳丘墓である可能性は残る。これは、今後の発掘調査で明らかにしていかなければならない課題である。

　松尾頭墳墓群は、終末期後半の墳丘墓群で、一

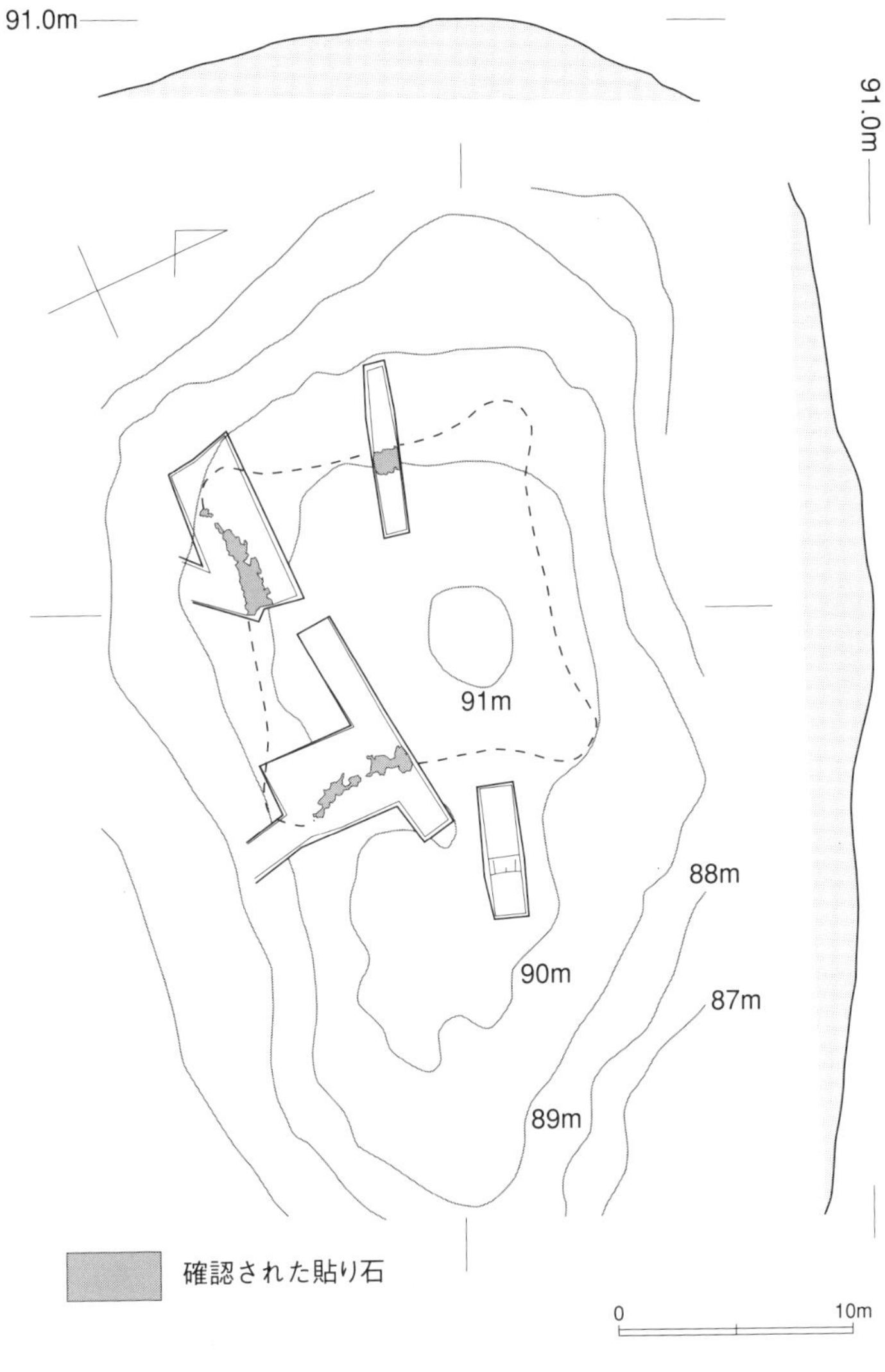

図39　仙谷１号墓

号墓、二号墓ともに貼石をもたない墳丘墓である。規模は、いずれも長辺一〇《メートル》ほどで、斜面の下側にあたる南東辺以外の三辺に浅い溝を掘る（図40）。いずれも墳丘を途中まで構築した後に埋葬施設を設け、埋葬終了後にさらに墳丘を盛り足すという構築手順であり、従来の墳丘構築技法とは異なっている。そして、一号墓には、木棺の床となる部分に青灰色の砂が撒かれており（図41）、柄の部分が巻き上げられたヤリガンナが副葬されていた。

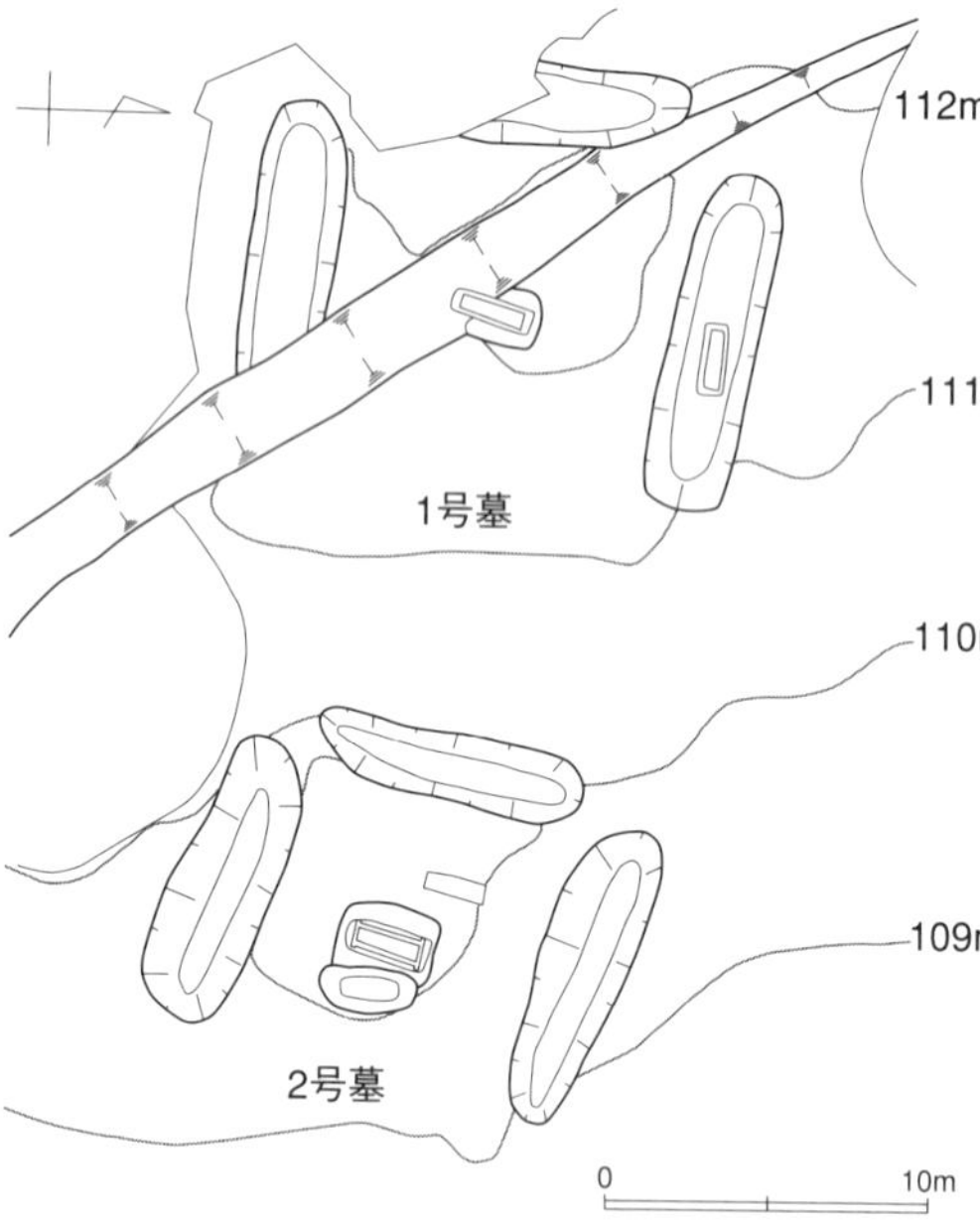

図40　松尾頭墳墓群

　埋葬施設に砂を用いる類例は、出雲市西谷三号墓第四埋葬（墓壙上）、安来市仲仙寺《ちゅうせんじ》九号墓第一埋葬（棺上）、宮山Ⅳ号墓（棺上）、安養寺一号墓第一埋葬（木槨上）など、後期後葉から終末期にかけて築造された出雲地方の大型四隅突出型墳丘墓の中心的な埋葬施設で認められている。松尾頭一号墓は、これらの影響を受けたものと考えられるが、この行為は古墳時代に引き継がれる要素である。全長三六《メートル》の前方後円墳である洞ノ原地区の晩田山三号墳では、前方部第一埋葬の箱式石棺に明青灰色の砂を

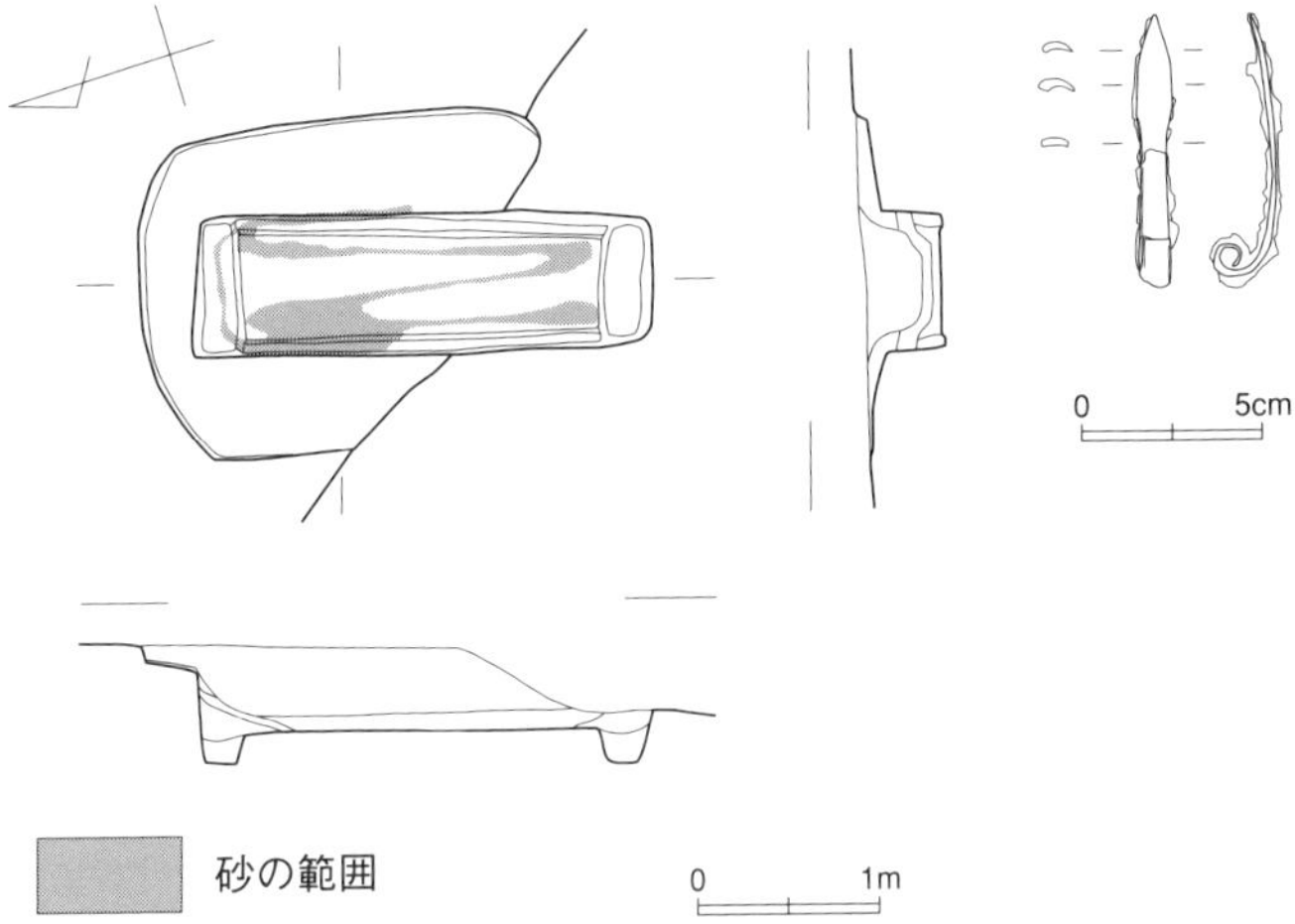

図41　松尾頭１号墓の埋葬施設と副葬ヤリガンナ

混ぜた砂利層が敷かれていた。また、直径約四〇《メートル》で、鳥取県では最大級の円墳となる晩田山一七号墳の埋葬施設でも遺体のまわりに厚い砂の層があった。これらの築造時期は明確ではないが、周辺の古墳の時期や出土した刀剣類などから見て、前期の古墳である可能性が高いと考えられる。

一方、鉄製品を本来の形から意図的に折り曲げるなどして副葬する行為は、弥生時代終末期から古墳時代初頭にかけて、北部九州から中国地方、北近畿地方にかけて流行する風習であり、古墳時代前期には近畿地方でも見られるようになる。折り曲げられる鉄製品は、刀剣のほかにヤリガンナなどの小型工具である場合が多い。このような類例を分析した清家章は、鉄刀を曲げて鏡に変えるという呪術を記した『神仙伝』（葛洪著、四世紀）によって類例を解釈し、銅鏡の代わりに鉄製品を折り曲げて副葬したのだろうと推測する。このような中国を源流とする神仙思想は、弥生時代終末期から古墳時代前期にかけて、朱や神獣鏡の愛好といった風習をともなって本格的に流入したと考えられている。同様の行為は、妻木新山地区に築かれた古墳時代前期の方墳（妻木山一四号墳）に副葬された鉄剣でも確認されている。

　このように見ると、松尾頭墳墓群は、弥生時代から古墳時代に向かう過渡期にあって、従前の墓制を引き継ぎつつ、新しい葬送儀礼を取り入れた墳墓といえるだろう。古墳時代に通じる葬送儀礼の要素がこの時期に見られることは注意しなければならない。

　以上、やや細かく妻木晩田遺跡内の墳丘墓群をみてきた。集落構造と墳墓のあり方を直接対比できるかどうかは、別に検討しなければならないが、先に見た居住単位のあり方や鉄製品の保有形態を考えあわせて、それぞれの墳墓群の性格を見てみよう。

　洞ノ原墳墓群は、四隅突出型墳丘墓の数の多さと極小規模のものを含むことできわめて特異な類例である。極小規模のものを佐原眞は、次代の首長を嘱望されつつ夭折した子どもの墓と見た。はたして追加調査で判明した墓壙規模は、一メートル程度の長さしかなかったから、乳幼児であった可能性がきわめて高い。しかし、首長の座を継承すべき子どもと見るには、やや数が多すぎるように思われる。大型・中型墳丘墓に混じって一二基存在するから、首長権継承候補者がすくなくとも一二人、幼少のうちに死に見舞われたという悲劇を想定しなければならない。

　一方、居住域の状況を見れば、洞ノ原墳丘墓が営まれた時期におよそ九単位程度の集団が存在する。このうち、竪穴住居跡が一、二棟程度で集団規模が小さく、短期的な居住者と考えられるものを除くと、妻木新山地区の四単位、松尾頭地区の一単位が世帯共同体としての体面を整えているようである。これらの家長クラスの人びとが大型ないしは中型の墳丘墓を築いたと見れば、大人用の墳丘墓の六基という数に近い。後期前葉にかぎれば、大人用墳丘墓数と居住単位数がよく対応することとなる。そして、それらのまわりに築かれた小型墳丘墓は、それぞれの単位で早死にした子どもの墓と見ることができる。

このように解釈すると、洞ノ原墳墓群を突出した首長の墓とみなし、首長権の世襲までおこなわれる性格のものとみるのはむずかしい。むしろ、それ以前に営まれていた世帯共同体単位の墓の性格に近い。そして、円環状の配置は、世帯共同体がたがいの突出を抑制しながら共同体を維持しようとする姿勢の現れとも思えてくる。このことは、先に見た鉄製品の保有量にも現れていよう。松尾頭地区の単位には鉄製品が見つからなかったが、妻木新山地区の各単位は、ほぼ同数の鉄製品を保有していた。

大型墳丘墓のうち、二号墓は環状の分布の中心に位置し、墳墓群の築造契機となったと考えられるから、その被葬者を始祖的な扱いを受けた人物とすると、そのようなリーダーを中心に、複数の世帯共同体がたがいに歩み寄って一つの集落を形成した初期の姿にふさわしいように思われる。同じく円環状にめぐらされた環壕を見下ろし、ここに共同体的なまとまりを宣言しているかに見えるのは私だけだろうか。

後期中葉以降に築かれた仙谷墳墓群をみると、前葉のような平等志向の社会に異変があったと考えざるを得ない。居住単位数の増加や竪穴住居数の増加が見られるにもかかわらず、それに対する墳丘墓の数があまりにすくない。埋葬候補者を小さく絞り、特定の人物しか墳丘墓に埋葬されなくなったのだろう。仙谷三号墓では、密集する二二基もの埋葬施設が墳丘からはみ出してまで営まれていたが、これは、平等志向と選別志向の狭間で揺れる社会を反映しているのかもしれない。また、そのような社会変化のゆえに環壕は埋没するまま放置され、墳墓の立地や配置が変更されていったと考えられる。

やがて墳丘上の埋葬数は数人に絞られていき、終末期後半の松尾頭墳墓群の段階では、特定の一人ないしは二人といった状況まで選別化が進んでいったと考えられる。これは、共同体内で真に首長とよぶべき特定階層が析出される過程を表していると考えられる。後期後葉の最盛期に墳丘墓が存在しないかどうかは今後の調査に委ねざるを得ないが、階層差の拡大が進行していたとすると、他の墳丘墓とは立地を異にし、最大の規模をもつ仙谷一号墓が最も有力な候補となるだろう。

後期後葉に鉄製品の保有量に格差が生じつつあった可能性を考えたが、それは有力世帯の出現と軌を一にした現象と解釈できる。松尾頭地区では、東西に庇をもつ特異な掘立柱建物が建てられていた。これは佐原や宮本が指摘したように、首長層が祭儀などを執りおこなうための施設と考えるのが妥当だろう（図42）。ただし、この特殊な建物は建て替えられた痕跡がなく、長期間にわたって維持された施設と見ることはできない。これを松尾頭地区に居住した首長層の施設と見るとしても、終末期のこの地区の凋落ぶりはいちじるしく、首長権が固定されていたとは思われない。

それにしても、三つの墳墓群が立地を異にするたびに墳墓の属性や階層構造を変化させる点は重要である。全体として階層差の拡大は認められるものの、一貫した論理によって構造化されている

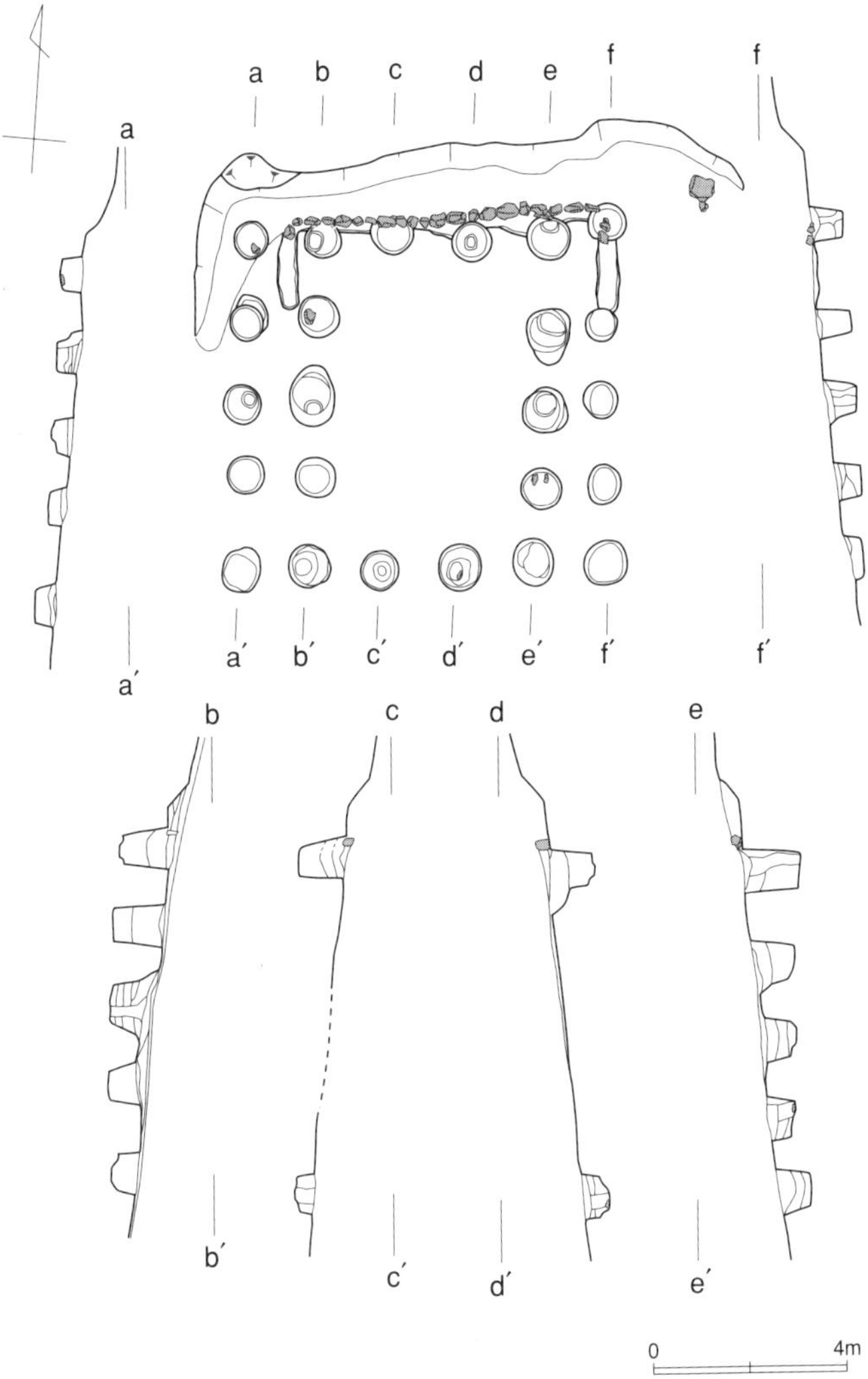

図42　松尾頭41号建物

のではなく、その都度墳墓の構成要素が変化する。出雲地方では、四隅突出型墳丘墓の巨大化が追究でき、終末期まで一貫して四隅突出型墳丘墓が選ばれた首長層の墓として選択されているが、伯耆地方ではそのような一貫性は見られない。

妻木晩田遺跡のように、後期から終末期を通じて首長層の墳墓が追究できる遺跡がすくないので、その評価はむずかしい。しかし、尾高浅山《おだかあざやま》遺跡のように当初築造された四隅突出型墳丘墓以降、墳丘墓をつくらない集団がいることも考えあわせると、首長層の安定的な成長を阻む要因がこの地域に存在し、各時期に共同体の再編を促す事態が生じたのではないかと思われる。

11　妻木晩田遺跡の歴史的な位置

妻木晩田遺跡を複数の居住単位で成り立っている集落ととらえてきた。居住単位を構成する人びとは、基礎的な労働をいっしょにおこなって日常生活を送り、それに必要な生活道具を一式保有している点で自立した一つの経営単位である。そのようないわば弥生時代の原初的な集団が多数集まって住んでいる姿は、これまで語られてきた「機能分化した山上の弥生都市」というイメージとは程遠い。鉄製品の保有関係に見るように、基本的には互酬的な関係で取り結ばれた集団であり、居住単位が個々に遊離しやすい要素をもつ点で社会的な統合が弱いといえよう。そのことは、首長層の墓が一貫した論理で構築されているのではなく、時期ごとに多様な姿をとることからも類推できた。

そのような妻木晩田遺跡の歴史的な評価はどうなるだろうか。その評価をおこなうためには、この鳥取県西部において、弥生時代の集落がどのような展開を遂げてきたか明らかにする必要がある。まずこの地域の中期以前の集落像を整理するとともに、すくなくとも大山山麓一帯を見渡してみる必要があろう。

この地域の代表的な中期の集落遺跡といえば、一九七〇年代に調査された米子市の青木遺跡がある。青木遺跡は、弥生時代中期中葉から古代まで断続的に集落が営まれた大規模な複合遺跡の一つである。米子平野中央部に南北に長く延びる長者原台地の北端部に位置する。中期の集落は、F地区、J地区と名づけられた部分におもに存在するが、相対的に竪穴住居跡が集中するF地区と、床面積が二〇平方メートルを超える比較的大形の掘立柱建物跡が集中するJ地区に分けて考えることができる（図43）。

濵田竜彦は、本来、竪穴住居が営まれる空間と大形の掘立柱建物が営まれる空間が分節化しており、中期を通じて遺構が累積した結果このような分布状態になったと見る。同様の視点でこれまでに見つかっている中期の集落を見ると、竪穴住居一、二棟とそれにともなう倉庫で構成される空間（空間Aとよぶ）と比較的大形の掘立柱建物が存在する空間（空間Bとよぶ）の二者がセットになって一つの集落となると考えられた。倉吉市（旧関金町）の大山池《だいせんいけ》遺跡は、その典型であり、最も単純化された姿である（図44）。また、大山町（旧名和町）の茶畑《ちゃばた》遺跡群では、各種の広域的な開発事業にともなう調査によって、この空間A、Bからなる集落構造が浮かび上がりつつある（図45）。

濵田が空間Aと名づけた領域はごく日常的な生活空間であるが、空間Bでは、赤色顔料や漆を塗ったやや特殊な土器が出土したり、石器の材料となる黒曜石の原石が出土したりする場合があ

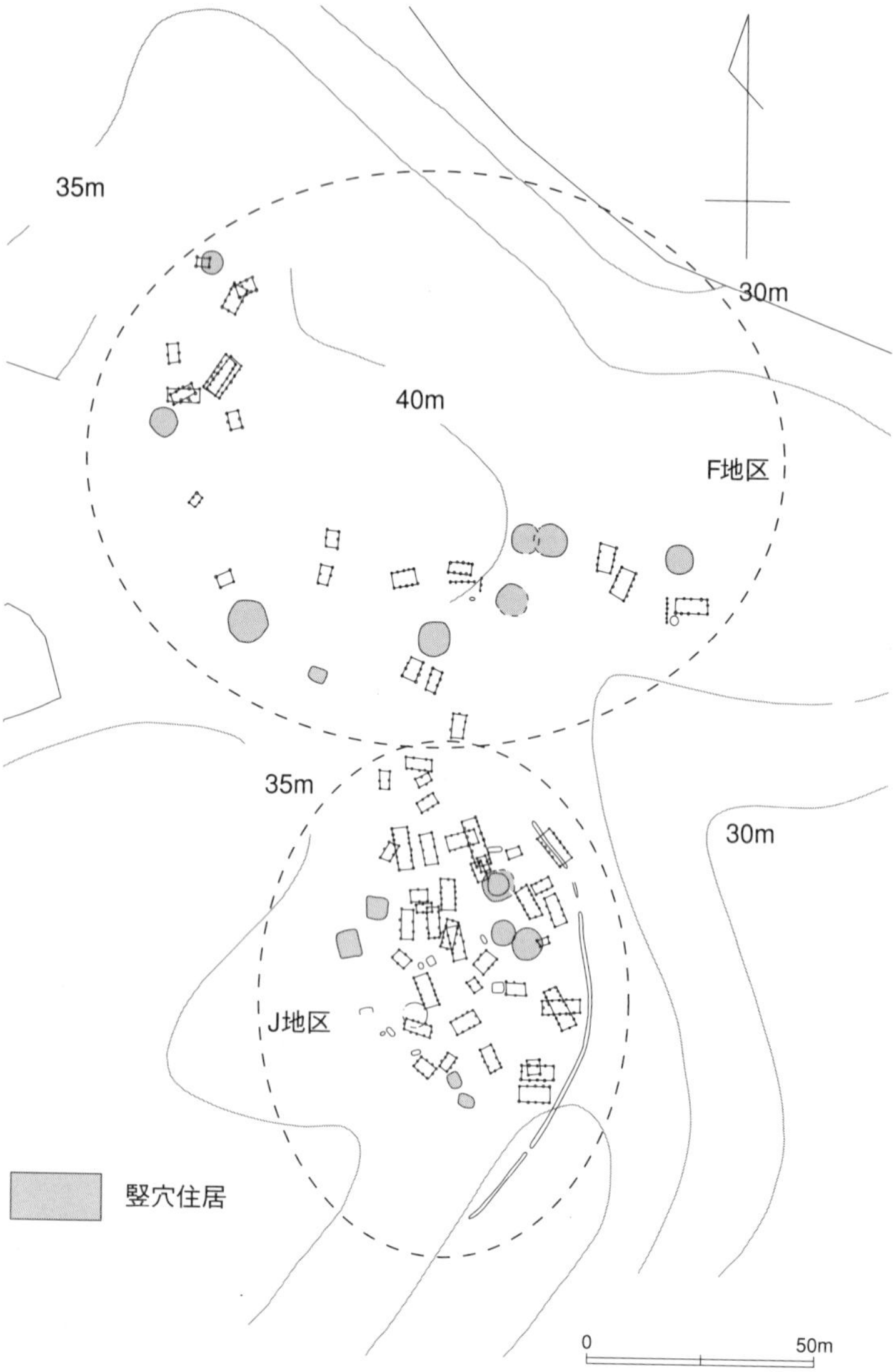

図43　弥生時代中期の青木遺跡（F・J地区）

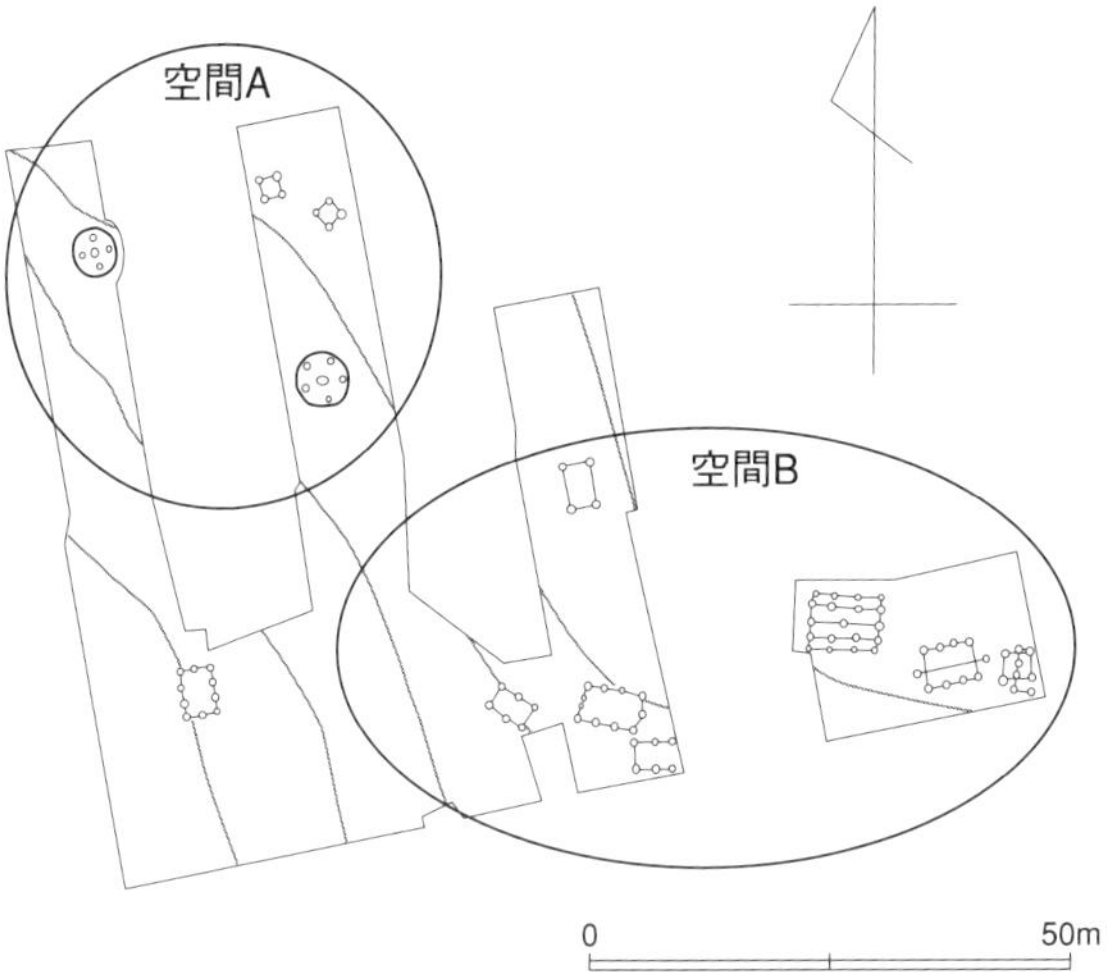

図44　大山池遺跡遺構図

り、共同の祭祀場や作業場などと考えられた。

　また、同様な空間構成は不明であるが、米子市（旧淀江町）の百塚《ひゃくづか》遺跡群も中期の集落構造を考える上で重要な資料である。ここでは、妻木晩田遺跡にほぼ匹敵する規模の台地上が数次にわたって広範囲に調査されているが、弥生時代中期、古墳時代中期から後期、古代の大きく三つの時期に集落が営まれている（図46）。弥生時代中期中葉から後葉の竪穴住居が一二棟見つかっているが、きわめて散漫なあり方を示す（百塚第七、八遺跡）。同時並存が何棟になるか明らかにしがたいが、竪穴住居どうしが一〇〇～二〇〇メートル離れて存在していると考えられる場合もあり、一棟の竪穴住居に住む世帯の自立性がかなり強いと考えられる。

　青木遺跡や茶畑遺跡群は、空間Aと空間Bのセットで構成される集落が複数集まり、比較的長期間生活している遺跡と考えられるが、大山池遺跡や百塚第七、八遺跡などの例は、一つの集団が短期間生活した痕跡と考えられる。前者のように

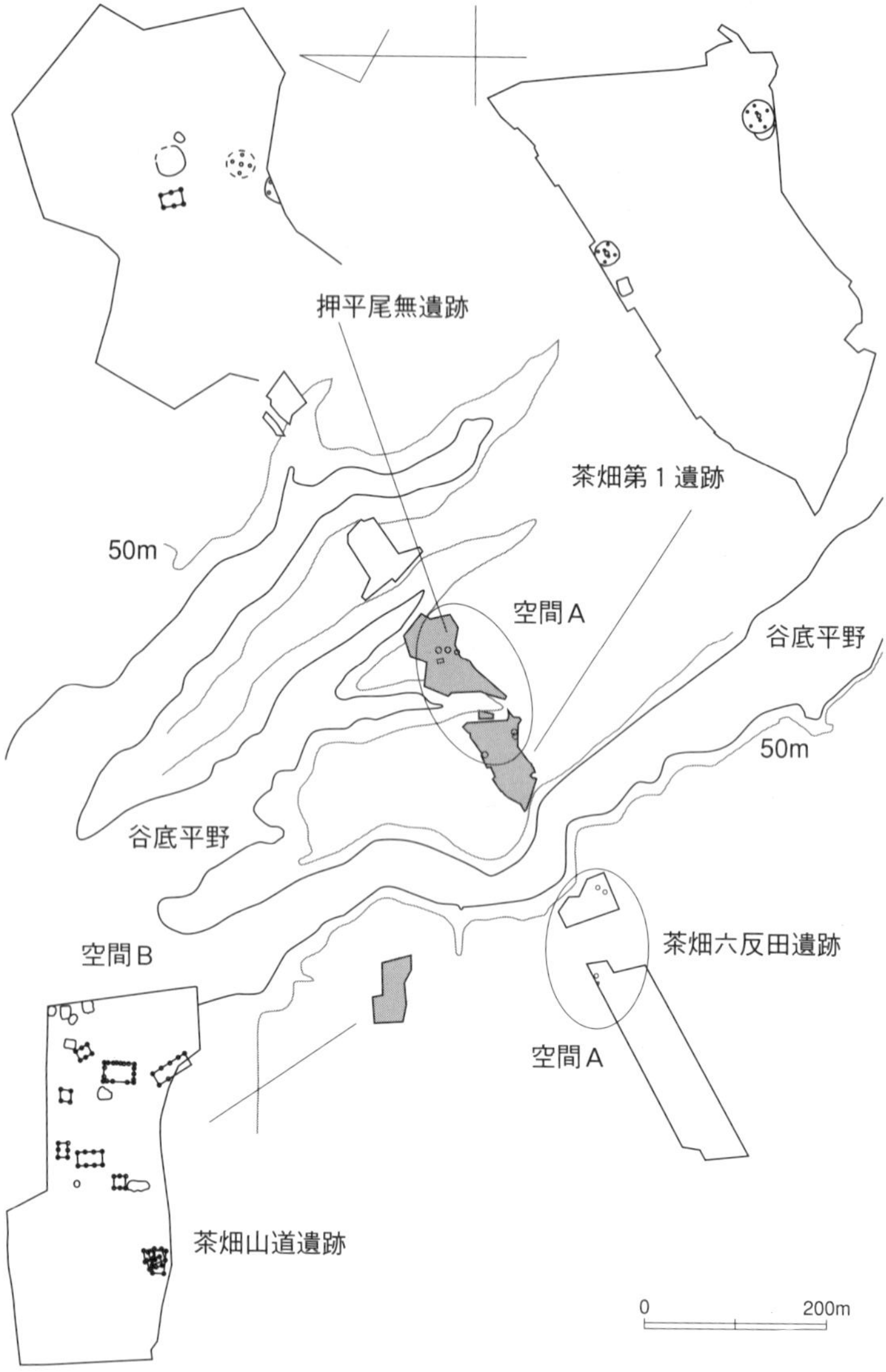

図45　茶畑遺跡群の構造

図46　弥生時代中期の百塚遺跡群

複数の集団が予想される遺跡もあるが、むしろ一般的なのは、後者のように一つの集団が単独で存在している姿であり、妻木晩田遺跡に見るような後期の集落構造とは明らかに異なっている。妻木晩田遺跡などに見るような居住単位一つ分の小集団が分散的に居住する姿が基本であり、複数集まっている場合でも後期の規模には到達していないのである。

一方、後期にいたってこのような分散居住型の集落が変貌を遂げ、妻木晩田遺跡のような大規模な集落が営まれる。その際、中期の集落で空間Bに相当する部分は失われ、空間Aの居住域のみが多数連接する構造となる。このことは、どのように考えられるだろうか。やや視点を広げて、近年までに大規模な調査がおこなわれてきた米子平野周辺の遺跡を見てみよう。

これまでに米子平野周辺で確認された弥生時代後期の集落は、大きく六つの地域に分けて考えることができる（図47A～F）。そのなかで大規模な調査によって集落の内部構造を詳細に把握できるC地域（福市《ふくいち》・青木遺跡群）、D地域（越敷山《こしきさん》遺跡群）を見てみよう。また、広く調査されていないが、E地域の状況も参考になる。

C地域は、長者原台地とよばれる標高四〇メートル《メートル》、比高差二〇メートル《メートル》ほどの低位丘陵である。南北に三キロ《キロ》ほど伸びるこの丘陵の北端部には、大規模に調査された福市・青木遺跡群が所在する。丘陵の中・南部でも部分的な調査がおこなわれており、同様な集落構造が丘陵一帯に展開するようだ。

青木遺跡では、後期中葉から後葉には、およそ一〇の居住単位が存在する。北側の谷部を挟んで指呼の間に存在する福市遺跡では、近年の調査成果もあわせて考えると、後期後葉で六単位の存在が指摘できる。福市遺跡は、調査前に破壊されて

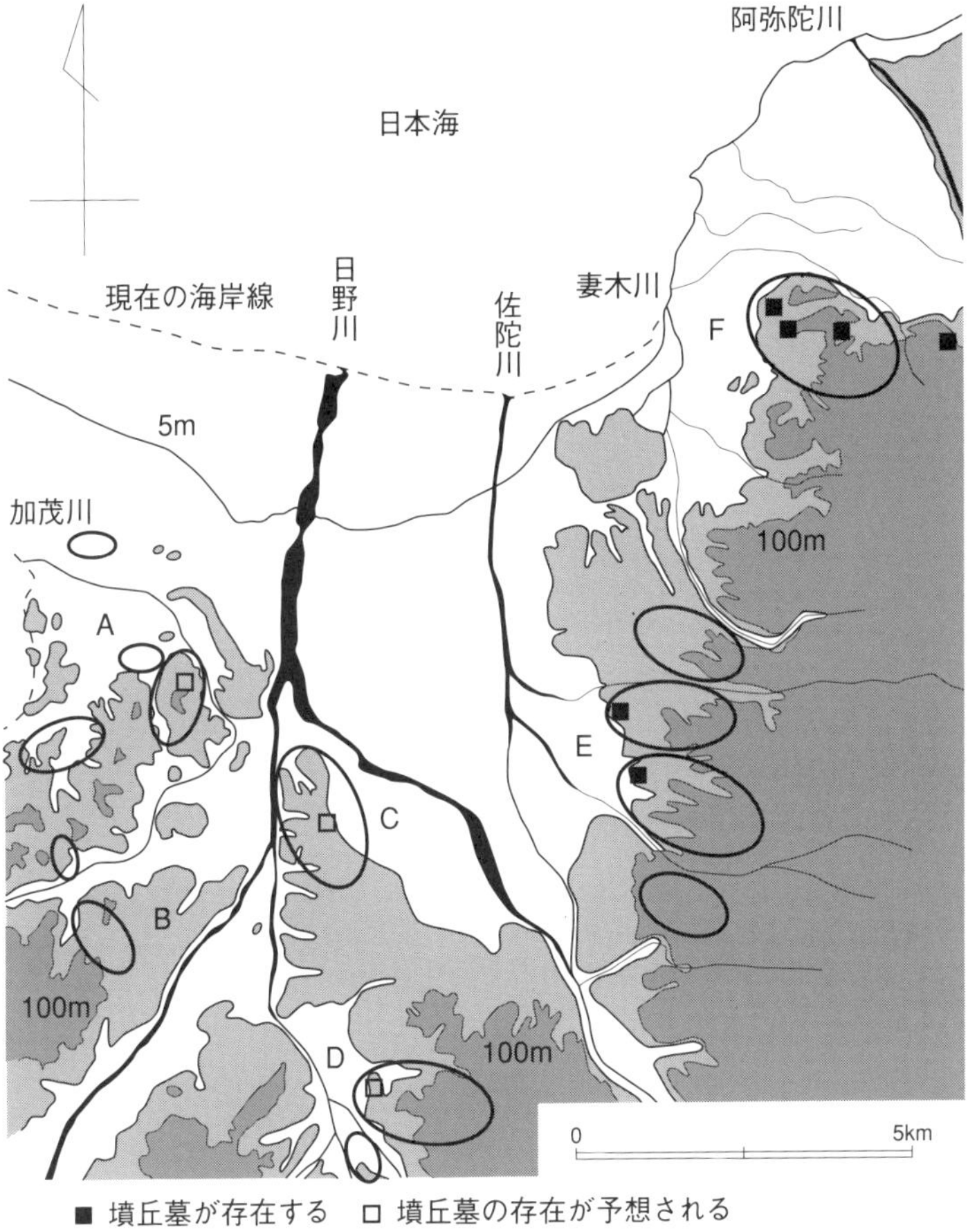

図47　米子平野を取り巻く遺跡群

しまった部分も多いから、本来はさらに多くの単位が存在したに違いない。青木遺跡とは本来同一の遺跡群として扱うべきである（図48）。

この遺跡群の東方に所在する樋ノ口一号墳は従来古墳時代の方墳と理解されてきたが、部分的な調査の結果、後期中葉以降の墳丘墓である可能性も指摘されている。同様な「方墳」は多数存在するから、そのなかに弥生時

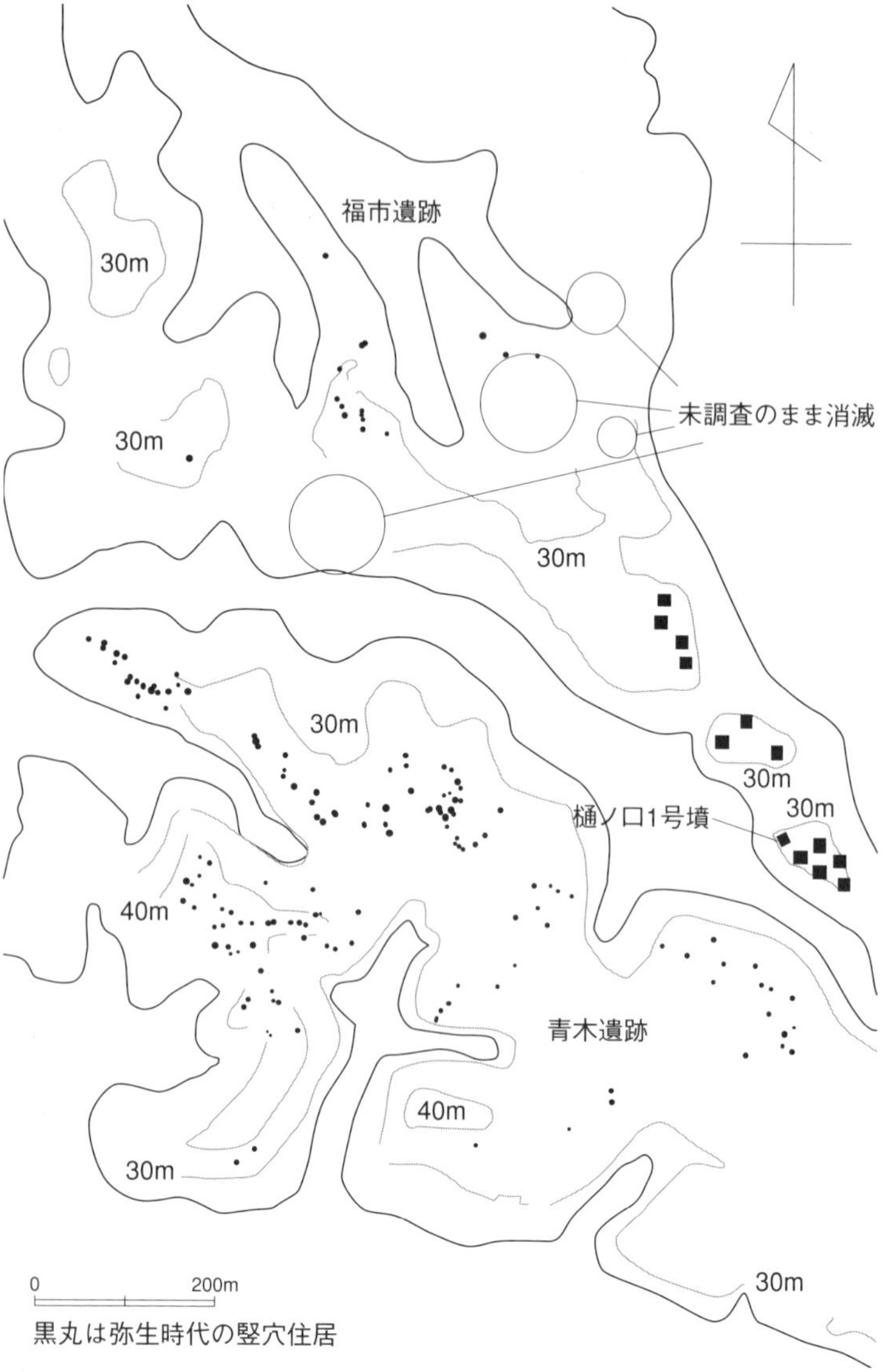
福市遺跡
30m
30m
未調査のまま消滅
30m
30m
30m
樋ノ口1号墳
30m
40m
青木遺跡
40m
30m
30m
0
200m
黒丸は弥生時代の竪穴住居

図48　福市・青木遺跡群

代の墳丘墓が存在する可能性は高い。

D地域とするのは、小松谷川の上流域で、会見盆地を取り巻く地域である。ここでは、越敷山遺跡群のほか、天王原《てんのうばら》遺跡の状況が広域に調査されて明らかになっている（図49）。

越敷山遺跡群は、標高一〇〇《メートル》を越す高所に位置し、妻木晩田遺跡と同様に尾根上平坦面を利用しつつ、竪穴住居跡群からなる居住単位が一三単位ほど見つかっている。ここでは、やはり後期後葉から終末期を中心とした時期に六六点と多量の鉄製品が見つかっている。在地産の小型品を中心とするが、舶載品の鋳造鉄斧なども存在し、妻木晩田遺跡と同様の組成を示す。また、この遺跡群の一部である田住松尾平《たすみまつおびら》遺跡では、後期中葉から後葉にかけて営まれた居住単位が調査され、北部九州製と考えられる小型銅鏡が出土している。

さらに、丘陵の先端近くの田住桶川《たすみおけがわ》遺跡では、後期中葉から後葉にかけての木棺墓群が検出され、吉備地域の特殊壺形土器片も出土している。調査範囲外に墳丘墓が存在する可能性もあろう。

E地域は、佐陀川の右岸で大山の西麓丘陵が米子平野に向かって張り出す地域である。ここではいずれも部分的な調査しかおこなわれていないが、尾高遺跡群（12）と日下遺跡群（11）という重要な遺跡群が存在している。

尾高浅山遺跡は、後期前葉に三重の環壕に囲まれた集落が形成され、集落に隣接する尾根上には四隅突出型墳丘墓が築かれる。後期中葉以降には四隅突出型墳丘墓がつくられず、同一尾根上平坦面に台状墓が営まれるが、終末期まで造墓活動は継続しているようだ。環壕内の調査された竪穴住居跡はいずれも後期前葉であるが、埋没した環壕の上層には後期中葉以降の土器も存在するから、人の生活を後期前葉だけに限定できない。さら

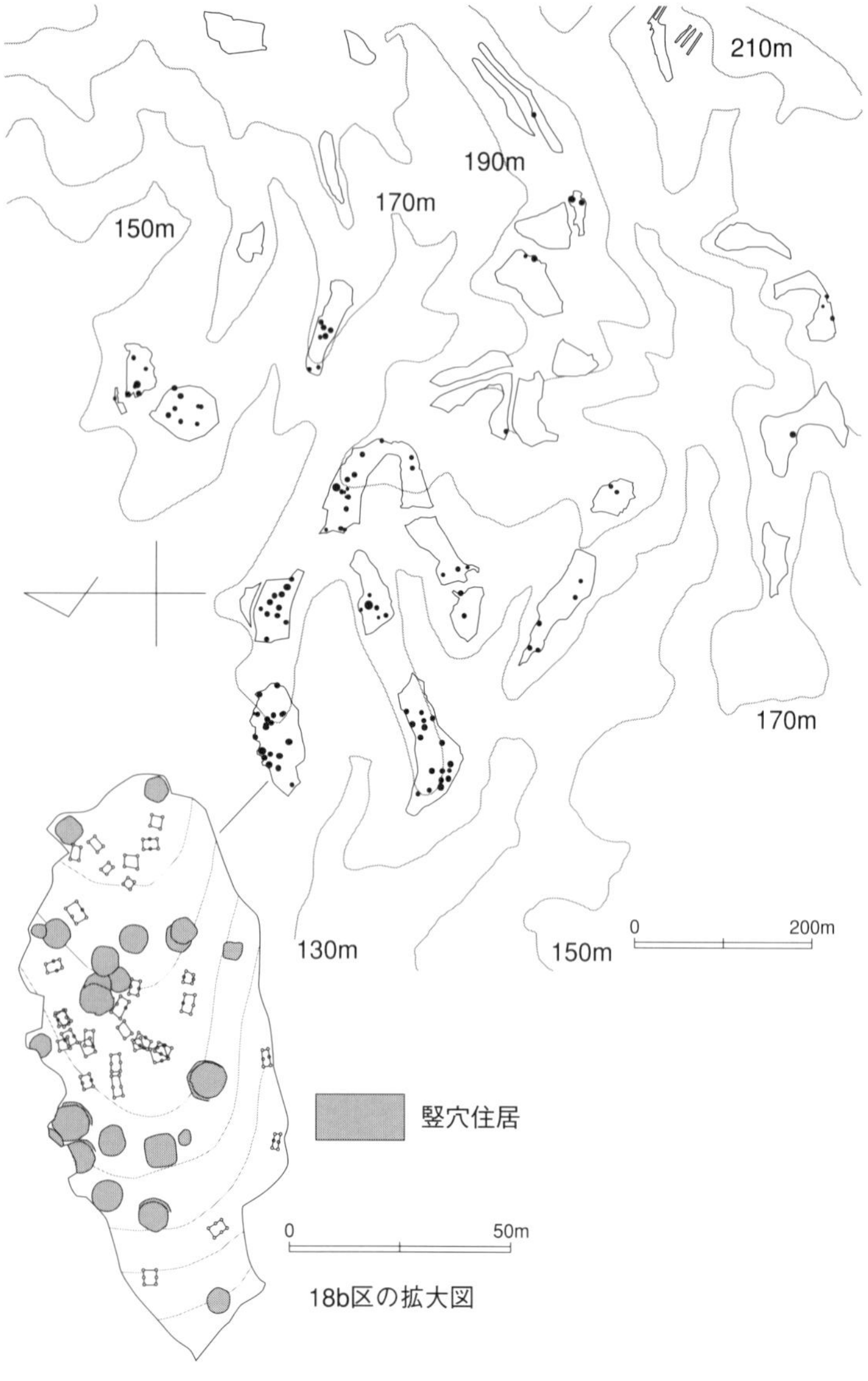

図49　越敷山遺跡群主要部の構造

に、環壕の東側に連続する丘陵上では、これまでに数次にわたって試掘調査がおこなわれており、約二キロに及ぶ範囲で後期中葉から後葉を中心とする竪穴住居跡が存在するから、後期中葉以降、居住域が大幅に拡大すると考えられよう（図50）。

また、日下寺山遺跡でも後期前葉の環壕が見つかっているが、環壕内に同時期の竪穴住居跡は見つかっていない。環壕が埋没した後期中葉から後葉には一帯が居住域となっていると見られ、妻木晩田遺跡洞ノ原地区ときわめてよく似た様相を示す。環壕から北側に約五〇〇メートル離れた隣接丘陵の先端には後期中葉の四隅突出型墳丘墓が見つかっているから、この集団の首長墓と考えうる。さらに、環壕から東側に連続する丘陵上でおこなわれた試掘調査によれば、尾高遺跡群と同様に、後期後葉の竪穴住居跡が複数存在しており、一連の遺跡群として理解すべきものである（図51）。

以上見てきたように、米子平野を取り巻く地域では、直径二キロほどの範囲で居住単位の累積する集落が営まれ、大規模な遺跡群を形成している。そして、妻木晩田遺跡はこの地域一帯で後期に形成された大規模な遺跡群の典型であることが理解できよう。このような遺跡群の成立過程に四隅突出型墳丘墓のような首長層の墓が営まれはじめることは重要である。後期後葉における鉄製品の急速な普及があり、朝鮮半島製や北部九州製の搬入品が日本海沿岸部各地に色濃く認められる事実も考えあわせると、対外交渉の増大を契機として、それを取り仕切る人びとの役割が増大したと考えられる。折しも、この時期には、東アジアの超大国である漢王朝が再興を果たし、北部九州の一部の勢力がその冊封体制に帰属した時期である。日本列島が原始的な農耕社会から抜け出し、東アジア規模で国際社会とのつながりを意識せざるを得

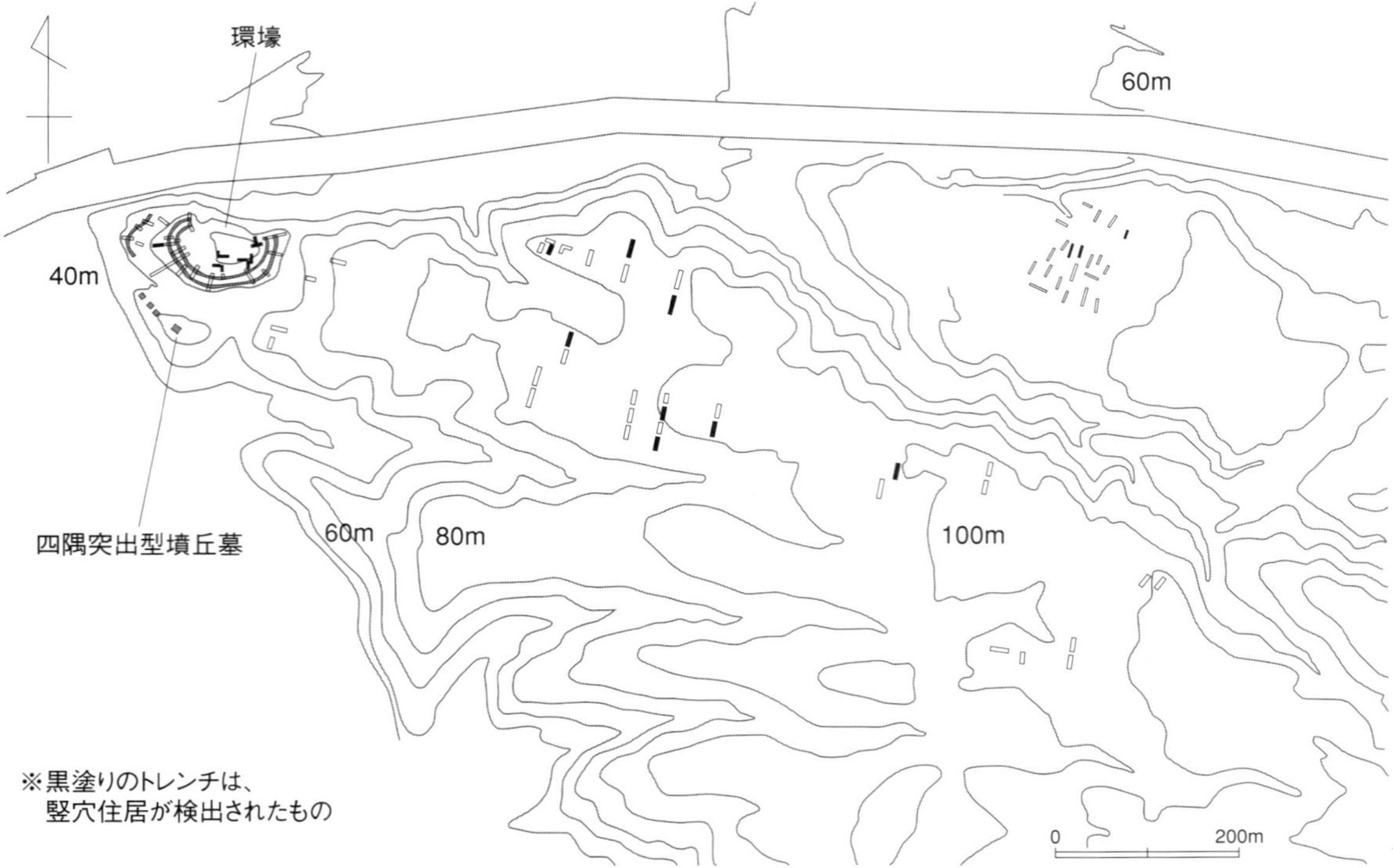
環壕
60m
40m
四隅突出型墳丘墓
60m
80m
100m
※黒塗りのトレンチは、
竪穴住居が検出されたもの
0
200m

図50　尾高遺跡群

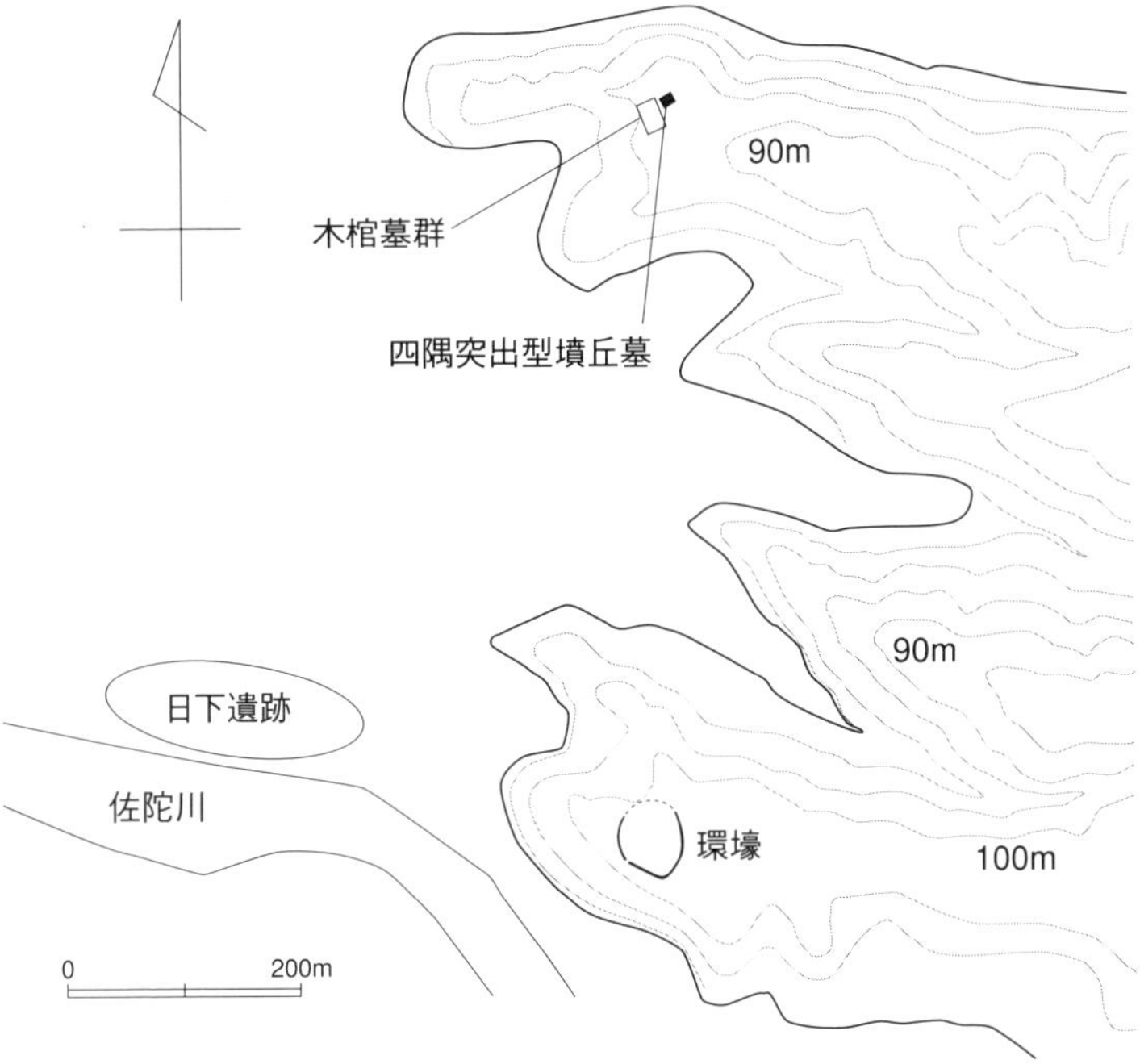

図51　日下遺跡群

ない社会状況が生まれた時期でもある。

これ以前に、ごく小規模な世帯ないしは世帯共同体単位で農耕を営んでいたこの地域の集団も自己完結的な世界から飛び出し、新たな社会関係を築かなければ、鉄製品に代表されるような外来物資や情報から取り残されたに違いない。前節で見たように、妻木晩田遺跡の各集団は、集住することによって鉄製品の供給を受けるという利益を得ていた。

独自の生活戦略によって自立的な生活を営むことができるのは、ある意味幸せであるに違いない。誰からも規制を受けず、誰とも対等に接することが可能だからだ。しかし、いったん外部資源に依存し、外部の社会との交渉や交流が恒常化した社会構造になると、「われ関せず」の姿勢を貫くのは困難である。一定のまとまりをもち、集団としての協力関係を築かなければ、生きていくことができない。この時期に、島根県出雲市の西谷墳丘墓群のように、瀬戸内の吉備地方や北陸地方の土器などが有力な首長の墓にもたらされることは、集団の代表者を立て、地域社会のまとまりをもって広域な交流関係を樹立し、激動する時代に対処しようとしたことを示しているのだろう。このように理解するならば、妻木晩田遺跡は真に地域社会とよびうる人間集団の集合体が成立しはじめた状況を生き生きと物語る点で、きわめて重要な遺跡であるといえよう。

ところが、そうした集団関係の形成は、どこでも同じように進んだわけではない。出雲平野の集落群の分析によって田中義昭が推測するように、求心的な有力首長によって平野規模で高次の統合へ向かう地域もあっただろうが、そのような社会統合がうまくいかない地域もあったと考えられる。松木武彦が吉備南部の事例から推測したように、首長墓の巨大化に示されるような地域社会の統合が一時的な現象に終わる地域もある。

これまで、近畿地方の集落遺跡の調査から、大規模な集住集落の形成や墳丘墓の出現が古墳時代につながる社会的な統合の現れだとモデル的に考えられてきた。集住集落のなかでは、首長層と一般層の階層的な分離が進み、居住単位のような伝統的な共同体は否定されると想定されてきた。そして、首長層の居住区、一般層の居住区、工房、倉庫群などの集落内の機能分化は、集住集落の特性と考えられるようになったのである。

しかし、近年では若林邦彦や秋山浩三らによって、近畿地方の大型環壕集落に見られるような集住形態でも、基礎的な集団が複合的に存在することが指摘されている。各地の大規模集落も内部構造を詳しく検討すると、複数の居住単位で成り立っている場合が少なくない。弥生時代を通じて基礎的な人間関係の単位は存在するのであり、その複合のありようを地域のなかでみきわめていく必要がある。

折しも、ここ数年は平成の大合併があって、多数の自治体が紆余曲折を経ながら統合、分離する姿が各地で見られた。どのような規模で合併するか、どのような合併形態をとるか、あるいは、合併せず単独の道を歩むか、列島の各地域は選択を迫られた。弥生時代の地域社会も、おのおのに取りうる選択肢があるなかで、それぞれの歴史的経緯のなかで対応を図ったはずである。

従来近畿地方でモデル的に組み立てられてきた集落論は、すくなくともこの地域の現状の資料によるかぎりでは成り立たない。大規模な遺跡群がいつ、どのように形成されるかは、当然のことながら、そこに生きた人びとの対応で異なってくる。既存のモデルをただ単に接木するだけでは、地域の歴史は見えてこないのではないだろうか。まずは、地域で、人がいかに生きたかを追究していくことが重要だろう。その上で、それを幅広い視野で体系的に位置づけていく作業をおこなっていく必要がある。

遺跡の複雑さや規模の大小が遺跡の価値を決定するのではなく、いかに過去のことを考えさせてくれるかがより重要な要素であり、妻木晩田遺跡の最も大きな魅力もそこにある、と私は考える。遺構の保存状態の良さは広域に調査されたことと相まって、かつてないほど、すくなくとも山陰の弥生集落の特性を語り始めているのだ。それを地域の文脈に即して理解し、評価し、伝えていくことこそ重要ではあるまいか。

Ⅳ　建物を復元する

1　焼失住居による竪穴住居の復元

妻木晩田遺跡の魅力を支えているものの一つに遺構の残りの良さがある。とりわけ、竪穴住居の残りの良さは格別だ。すでに紹介した倉光清六の分布図をよく見ると、×印で「竪穴遺蹟」と記されている（図4）。これは、地表に見える窪みのことであり、竪穴住居跡として認識していたものである。

地表から竪穴住居跡が認識できるとは、にわかに信じがたいことであるが、このような竪穴住居跡の類例は、大山山麓一帯で広く見られるようで、倉吉市夏谷《なつだに》遺跡や伯耆町（旧岸本町）・南部町（旧会見町）の越敷山遺跡群などでも調査されてきた。これは、竪穴住居の深さが一㍍《メートル》にも達する場合があることも一因であろうが、近現代までに大きく地表を改変するような開発がおこなわれなかったことも大きな原因であろう。また、下草刈りや落葉の堆肥利用などが入念におこなわれて腐植土の堆積が進まなかったと考えられる。そのような竪穴住居跡は、外縁に存在する周堤や周堤

図52　吉谷中馬場山遺跡焼失住居

のまわりにめぐらした溝（周堤溝）などの住居の外部構造まで残っている場合があり、復元をおこなう上で重要である。

さらに特筆すべきことは、半焼失状態で建築部材が遺存することだ。火山灰起源の酸性土壌の多い日本では、地下水が豊富な低湿地以外で有機質の遺物が現代まで残ることはまれである。丘陵上ともなれば、なおさら残りが悪い。ところが、焼けて炭になってしまうと、酸化に耐え、保存状態がよくなる。もっとも、燃え尽きて灰になってしまっても残らないから、ほどよく炭になっていなければならないなど、条件がきびしい。その「ほど良さ」に関係しているのが、炭化材とともに見つかる赤く焼けた土、「焼土」だ。保存状態のよい焼失住居では、この焼土が炭化材と絡みつつ、その上層にべったりと堆積していることがある（図52）。この土の正体は何だろうか。

結論からいえば、これは竪穴住居の屋根に載せ

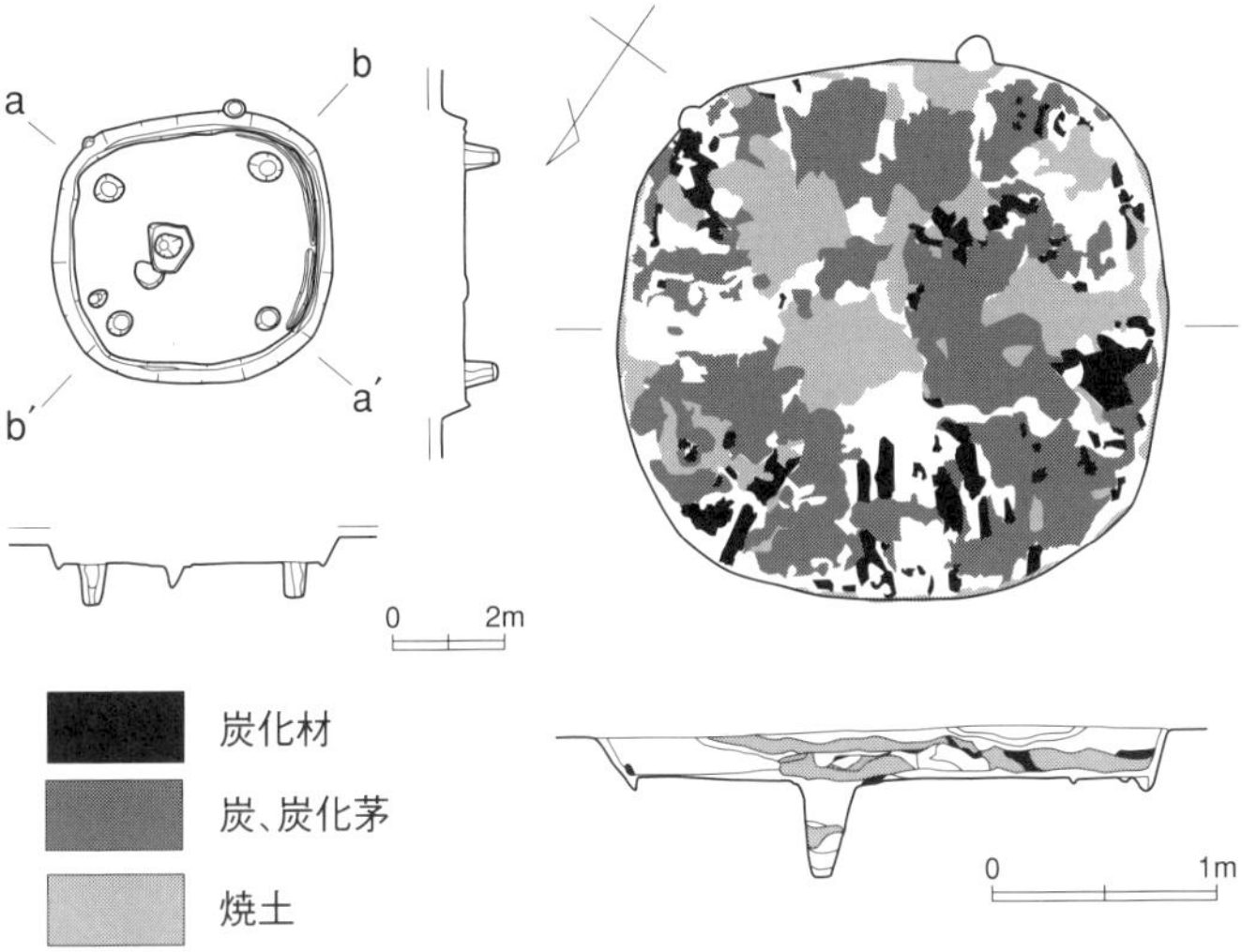

図53　妻木山43号住居遺構図（左）・炭化材出土状況（右）

られていた土である。焼失住居そのものは、ずいぶん以前から各地で認識されており、焼土は屋根に載せられた土に由来すると推測されていた。しかし、そのような認識は全国的に共有されることなく、竪穴住居といえば茅葺きが一般的なイメージとして定着してしまったようである。最も残りがよく、注目を浴びた妻木山地区四三号住居によってその具体像をみてみよう。

妻木山地区四三号住居は、一辺五メートル足らずの隅丸方形の竪穴住居跡である（図53）。焼け残った炭化材のうち、幅二〇〜三〇センチ前後の板状の部材が竪穴住居跡の縁に等間隔に並び、規則正しく内部に倒れこんでいる様子がまず目につく。中央付近には炭や焼土が混じり合って鮮明でない部分があるが、詳細に見ると、倒れこんだ板材に接して直交方向に茅の束が乗っていることがわかる。直交方向の茅束の上には、竪穴住居の中心に向かって長く伸びる放射状の茅束も存在する。このことは、茅が横方向と縦方向の二重に葺かれていることを示すものだ。そして、縦方向の茅束は赤く焼けた焼土の下にくい込んでいた。基本的には、上から順に土、縦方向の茅、横方向の茅、板材とい う重なりになって竪穴住居内に落ち込んでいるのであり、そのままの順序で屋根が構成されていたのであろう。

竪穴住居の屋根を構成する諸要素が層位的な順序関係を保って出土したこと、部材の平面的な配置や寸法が判明することなど、妻木山地区四三号住居がもたらす情報は復元の際に非常に重要である。集落復元の根幹となる竪穴住居の復元は、良好に保存されていた焼失住居によって高い実証性をもつことになったのである。

ところで、焼失住居はどのような理由によって燃えたのだろうか。これらの竪穴住居跡が調査されていた当時は、戦乱によって敵の襲撃を受け、焼かれた竪穴住居跡との見解もあった。しかし、現在では、住人たちがわざと燃やしたものと理解する見解が有力である。

この解釈は、竪穴住居跡内部からほとんど生活に関する遺物が出土しないことによる。不意の失火や敵の襲撃を受けた場合には、内部に置いてあったはずの土器など、生活道具一式をもち出すことは困難である。ところが、焼失住居では一般に遺物がすくなく、ほとんど何も遺物が出土しないことがある。炭化材の出土状況から見て、焼失した竪穴住居は、燃え落ちた状態で放置されたと考えられるから、後から回収や清掃がおこなわれたとは考えにくい。また、土屋根の竪穴住居は、簡単に燃えない。岩手県一戸町御所野《ごしょの》遺跡では、復元した縄文時代中期の土屋根住居を燃やす実験をおこなっているが、それによると、竪穴住居を燃やすために大量の焚き付けを必要としたという。意図的に燃やさなければ、燃えないのだ。

さらに、民族例を参考にすると、廃屋儀礼として住居を燃やすという行為が知られている。たとえば、アイヌ民族では死者が住んでいた家を焼き、供養とすることが知られている。妻木晩田遺跡の焼失住居を検討した牧本哲雄によれば、焼失住居は二〇棟足らずであり、竪穴住居跡全体の一%にも満たない。分布が集中せず、散在することから、類焼を防ぐために管理された状態で放火されたのであり、廃屋の処分方法の一種と想定されている。

2　竪穴住居復元の実際

以上のように、竪穴住居の基本構造は焼失住居によって判明する。しかし、一口に竪穴住居跡といっても、それぞれに大きさ、柱配置、深さ、立地などの点で個性があり、復元できる上屋の構造はすべて同じではない。したがって、まずおこなわなければならないのが、実際に調査された竪穴住居跡にもとづく模型作りである。この模型作りの過程の重要性を強調するのが、建築史や民族建築に詳しく、これまで各地の竪穴住居復元を指導してきた浅川滋男である。

少しその手順を紹介しよう。まず、竪穴住居が掘削された元の地形を復元することが重要である。弥生時代に地面だった場所は、すでに流出して存在しない場合も多いから、本来はどの高さだったのかという点から考えなければならない。あくまで推測の域を出ないが、周辺の地形との関係や、同じ時期の残存状態のよい竪穴住居跡から、より確実性のある復元をおこなう。

スポンジや発泡スチロールなどの土台を加工し

図54　復元模型作り

て地形に見立て、発掘調査の際に作成した図面どおりに掘り込んでいく。ようするに、弥生人たちがおこなったはずの建築工程を模型でたどり、体験的に復元していこうということなのだ。図面を元に各種部材の配置や寸法を復元し、それらが最も合理的に組み合う構造を検討する過程が重要なのである。模型作りの過程は試行錯誤の連続で、こうすれば、こう復元できるという見通しを立てることができるまで作業はつづくのである。これが最初の大きな関門となる（図54）。

模型ができた後、はじめて建築用の設計図を描くことができる。部材の寸法や設置角度、組み合わせや結合の方法などが模型で検討したことを元に細部まで明らかにされる。現代の私たちが復元に取り組む場合、この段階でようやくどのくらいの長さの木を何本程度準備すればよいかわかってくるのだが、弥生人たちは違っただろう。おそら

図55　建築材の検査風景

く、竪穴住居が掘削される以前に建築の規模や構造、準備すべき材料や必要な人員がおおむね把握されていたに違いない。

　そのような弥生人たちの常識を追体験する場が、建築材の検査である。専門の業者の方にお願いして山から切り出してもらった材木は、かならずしも設計図にのっとった姿の材木ではない。自然に生えているクリなどの木を用いているから、成長の仕方にはそれぞれに個性があり、当然曲がっているものもある。弥生人ならば、イメージにある材木を自らの判断で選び、切り出してくるのだろうが、現代人はそうはいかない。だから、集積された材料を前にして、どの材木がどの部分に使えるか、検討しなければならないのだ。実際に地面に並べたり、組み合わせてみたりするのが、第二の関門である（図55）。

　以上の検討段階を経て、ようやく実際の復元に

図56　小屋組み

図57　垂木がけ

進むことができる。遺構の保護を綿密におこなった後、建築に取り掛かる。主柱穴から立ち上がる柱の上部に梁（桁）が渡され、軸組が構成される。軸組には扠首がかけられ、屋根の形状が形作られる。扠首は屋根を支える重要な構造材であるから、加重を安定した地面に伝えるため、主柱に対応した位置に設置される。設置角度は、屋根の葺き材によって異なるが、茅の場合は四五度程度が雨漏りしない角度とされている（図56）。

扠首をつなぐように母屋桁を横に渡し、垂木を乗せて屋根下地とする。すでに述べたとおり、垂木は板材を用いており、竪穴部を取り囲むように設置される。妻木晩田遺跡では垂木の間隔が二五センチ程度とかなり密である。垂木がかけられると家らしくなってくる（図57）。

図58　茅葺き

図59　土葺き作業

垂木がかけられたのちに茅を葺く（図58）。出土状態と同じように、垂木に接してまず横方向の茅束を葺き、次に縦方向の茅を葺いていく。この縦方向の茅の葺き方はやや特殊である。現在私たちが見ることができる茅葺き民家では、茅の穂をなかに入れ、根元の方を外に向ける葺き方（本葺き）であるが、この方法はとらない。本葺きは技術的に熟練を要する上に、末端を鋏で刈り揃えるなど、弥生時代の道具ではできない工程を含んでいるからである。残存状態のよい焼却住居からみると、茅が何一〇《センチ》も厚く葺かれていたとは考えにくい。技術的にも簡単で、より古式と考えられるのは穂を外側に向ける逆葺きである。中世の絵巻物などからみても、逆葺きは民家建築に一般的な方法であるから、弥生時代の葺き方として妥当だと考えられる。

図60　土屋根実験

茅葺きが終了した後、屋根に土をかぶせて完成となる（図59）。ただし、復元の過程で悩みの元になるのは、土の量である。どの程度が適当なのか、確たる答はまだない。発掘調査でわかるのは、焼けて赤くなった部分だけで、全体の量まではわからないからである。妻木晩田遺跡で最初に

図61　古市宮ノ谷山遺跡出土の焼土

復元した洞ノ原地区八号住居では、茅を全面的に覆うように土をかぶせた。しかし、これでは土の量が多すぎたようで、やがて少しずつ裾にずれてきた土によって、竪穴住居のプロポーションは下膨れとなった。さらにその部分が湿気を含み、茅を腐らせたようだ。建築後二年にしてカビが発生し、雨漏りが始まった。

どのような種類の土を載せればよいかについては実験をおこなっており（図60）、発掘調査で生じた廃土に草が生えた状態が最も適していることを確認しているが、量については今後も研究や実験が必要だろう。また、焼土のなかには、米子市古市宮ノ谷山遺跡で見つかった焼失住居跡のように、ブロック状に焼け締まり、平たい面と茅の圧痕をとどめる面をもつものがある（図61）。このことは、茅に塗りこめるような泥状の屋根、あるいは壁があったと想定できる。また、焼失住居にかぎらないが、竪穴住居の埋土のなかに石器でもなく、石器原料とも考えにくい拳大から人頭大の石が出土することがある。遺物として注意されない場合も多いが、これは屋根の樹皮などを押さえるために載せられていた置き石である可能性も考えられる。細部ではまだまだ明らかにしなければならないことも多いようだ。

3　竪穴住居の内部空間

細部に課題を残すとはいえ、竪穴住居の外観は焼失住居をもとにかなり具体的に復元できる。しかし、内装がどのようなものかというと、非常に心もとない証拠しかない。当然、土間のままでは冷たいので、なんらかの敷物があったと推測している。そして、敷物の痕跡を探して竪穴住居の床面を丹念に調査しているが（図62）、今までのところ十分納得できる痕跡は発見されていない。ただし、床面付近でおこなったプラント・オパール分析によれば、敷物かどうかの特定は困難だが、多量の稲藁が住居内にもち込まれたことは確かなようだ。関東地方などの竪穴住居跡の調査では、床面の踏み締まり具合から、住居内の動線や利用区分を明らかにしようとする意欲的な研究も見られるが、現在までの調査では、踏み締まりの強弱を認識できない。竪穴住居の中央部には火を焚いた跡が点在することも多いから、中心部近くが炊事場所、外縁部が就寝場所といった屋内の利用区分があった可能性が考えられるが、それ以上のことはわからない。

図62　竪穴住居床面調査風景

図63　弥生の「壁紙」

竪穴住居の内側の壁は、土がむき出しのままかどうかというのも検討課題である。最初に復元した洞ノ原地区八号住居では、半分に割った丸太材を多数壁沿いに並べて、内側の壁とした。これは、静岡市登呂遺跡などで多数の板が壁沿いから出土したことに倣ったものである。

先ほど紹介した古市宮ノ谷山遺跡で見つかった焼失住居跡からは、建築材の下から繊維状の炭化物が出土し、樹皮による編み物の可能性が考えられた。その編み物が竪穴住居の壁沿いにあることから、壁に貼り付けたものではないかと考えられている。この調査成果が報告された後、二番目に復元した竪穴住居では、さっそくそのアイデアを取り入れ、スギ皮を細く裂いたものを格子目に編んで貼り付けた。いわば、弥生時代の「壁紙」だ（図63）。これによって、竪穴住居の内部はかなり清潔なものになった。近年の調査では、タケやアシと考えられる素材もあるようで、「壁紙」は竪穴住居ごとに個性があった可能性もある。

これまで、復元された竪穴住居は薄暗く、じめじめした雰囲気のものが多いが、本当にそうだったかどうかは十分に検討されていない。シベリア東部などの北方地域の民族例によると、寒さのためにやむなく竪穴住居に住んでいるのであり、かならずしも健康的な居住環境とはいえないようである。復元された竪穴住居などをもとに内部の温湿度変化を測定した蔭山誠一の実験的研究によると、昼間に最も湿度が高くなり、八〇％を超える。気温の上昇とともに湿度も高くなるから、非常に不快な環境といえる。

ところが、妻木晩田遺跡の復元竪穴住居は採光と換気のために、風の通り道となる方向にはねあげ式の窓をつくっている（図64）。晴れた日中にこの窓を開放すると、竪穴住居内部の湿度は大き

図64　竪穴住居の窓

図65　火棚

く下がり、明るく快適である。閉じ込められたような閉塞感もない。この点は見学者の方々にも好評で、こんな快適な復元住居ははじめてだと、入った後しばらく出てこない方もある。そんな光景に出会うと、窓をつくって正解だと思うのだが、考古学的に証明せよといわれると、答に窮してしまう。

窓や快適さの証明はなかなか困難だが、竪穴住居内部が殺風景でなかった証拠ならば、いくつかの焼失住居が語ってくれる。たとえば、米子市の吉谷《よしたに》中《なか》馬《ば》場《ば》山《やま》遺跡で見つかった竪穴住居では、住居内部の溝に板状の蓋がかぶせられていた。また、一般に、竪穴住居の床面中央に中央ピットとよぶ穴があいているが、その周囲が蓋受けのように四角く掘り込まれたものや、内部に板状の炭化材が落ち込んで見つかるものがあるから、木製の蓋があったと考えられる。発掘調査の際にはむき出しの地面しか見えない竪穴住居の内部も、実際に使用されていた段階では、多数の編み物や木製品に彩られていた可能性が高いのである。

また、妻木晩田遺跡の復元住居では、竪穴住居内で火を使った痕跡が見つかった部分に火棚を設けている（図65）。火棚とは、民家の囲炉裏の上に設けられる食料や衣料を乾燥させるための棚である。これも考古学的に実証するのは困難だが、竪穴住居を調査すると、建築構造にかかわる柱以外に機能したと考えられる柱穴を検出する場合がある。そのような柱穴のなかには、住居内に設置された構造物と見るべきものがある。これを積極的に表現したものが火棚である。今後、焼失住居から出土する木材を検討する際には、建築構造部材以外のものも含まれている可能性を視野に入れておくべきだろう。

4　青谷上寺地遺跡出土建築部材による掘立柱建物の復元

遺跡で発見される建物は竪穴住居ばかりではない。地表面以上に床がある建物で、地面に柱を突き立てる建物を掘立柱建物とよんでいる。これは柱が据えられた穴しか残っていない場合が多く、柱の並びはわかるけれども、建物の形状や性格がわからないという厄介な代物である。柱と柱の間の数によって、「梁行○間、桁行○間の掘立柱建物」などと表現するが、地面を床とした建物（平地土間式）なのか、高床の建物（高床式）なのか、床の高さはどのくらいなのか、といったことは厳密にはわからない。柱の並びによって判明する床面積規模の違いや柱の太さなどによって建物の機能を推測している場合が多い。

　妻木晩田遺跡では梁行が一間、桁行が一間または二間の小規模な建物が圧倒的に多い。床面積は五平方メートルほどであり、柱の太さも一五～二〇センチ程度である。このような建物は、民族例や土器に描かれた図像などを参考にして、一般に簡単な倉庫と考えられていて、竪穴住居の周辺に分布していることが多い。種籾の貯蔵や道具入れとして利用されたものだろう。

　それらの復元に用いられるのが遺跡から出土する建築部材である。これまでにも全国各地の低湿地に立地する遺跡で建築部材が見つかっており、掘立柱建物を復元する際の拠りどころとされてきた。また、弥生時代の土器などには高床倉庫と考えられる建物の絵が描かれていることがあり、屋根の形や床の高さの推測に用いられてきた。

　妻木晩田遺跡が保存され、建物復元の検討などが始まるころ、鳥取県の東部にある青谷町（現鳥取市青谷）では、青谷《あおや》上寺地《かみじち》遺跡の調査がおこなわれていた。青谷上寺地遺跡は低湿地に立地し、「地下の弥生博物館」とよばれるほど遺物が豊富で、きわめて良好な保存状態を保っていることで注目を集めた遺跡である。とりわけ、遺跡から出土した人の頭骨に脳組織が遺存していたという驚きのニュースが全国的に報じられたから、むしろ、妻木晩田遺跡よりもご存知の方が多いかもしれない。

　遺跡の詳細は報告書などに譲るとして、いまここで重要なことは、弥生時代の建築部材が多量に出土しているということだ。柱はいうに及ばず、床張りを支える根太《ねだ》、床と考えられる板材、壁と考えられる板材、屋根の部材など、建物の各パーツが揃っている。各部材は、木材資源として他の用途に再加工、再利用されているものも多いから、復元にはそれなりの手続きが必要だが、部材が組まれた状態で出土しているものもあり、弥生時代建築の復元研究にとってきわめて重要な資料であることは疑いない。その数は六〇〇〇点を超えるという膨大な量である。全容はまだ整理の途上であるため、現状ではそれらの一部しか判明していないが、どのような部材があるかみてみよう（図66）。

まず重要なのは、柱材である。図は直径約一五《セン》〜二〇《セン》の丸太材であるが、青谷上寺地遺跡では角柱も存在するようである。一端に方形の抉り込みがあり、ここに棟木などの材をはめ込む。

根太は床板を支える材であり、梁行方向に渡してその上に床板を張ると考えられる。方形の欠き込みは、大引きとよばれる桁材にはめ込むためのもので、欠き込みの反対側の端部が斜めにカットされたものが多い。床板や壁板とみられる板材には複数のサイズがある。壁板と考えられるものは、綴じ穴と考えられる穴が規則的に設けられており、上下に綴りあわせて使用した垂れ壁の一種であると考えられる。この壁板のなかには、端が斜めに裁断されたものがあるので、屋根の妻側にも同様な壁板が使われたと考えられる。

屋根の部材で注目されるのは、垂木と小舞《こまい》で構成される屋根下地である。図のように組み合った状態で出土した。大きさは長辺二・六《メートル》、短辺一・六《メートル》で、およそ二〇《セン》間隔で七本の垂木が配置されている。垂木と直交する方向には、五《セン》ほどの間隔で約三〇本の小舞が並べられている。垂木は、基本的に径三、四《セン》ほどの丸太材で軒先に

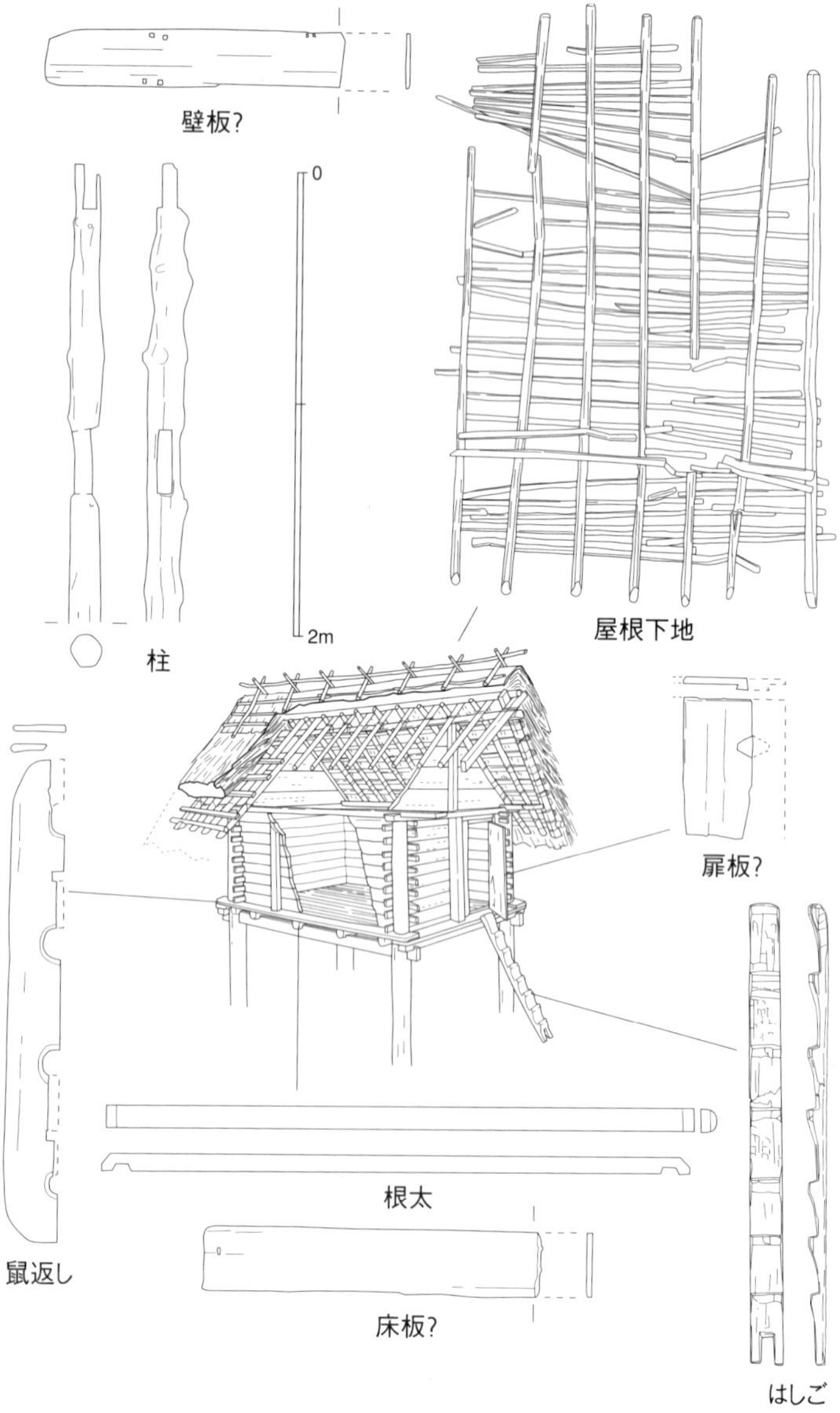

図66　青谷上寺地遺跡出土の建築部材

あたる部分は斜めにカットされている。七本のうち六本は丸太材であるが、端に位置する材は、角材である。このことから、この角材が屋根の端、つまり、妻側の破風に相当する部分であったと考えられる。小舞は薄い板状の材を用いているが、これらは出土した際には垂木の下になっていた。したがって、この屋根下地は、裏表がひっくり返った状態で出土したことになる。このことからすると、弥生時代の建物の屋根はパネル状に取り外しができた可能性がある。

　その他、建物を構成する部材としては、鼠返しとみられる材、扉とみられる材、はしごなどがある。鼠返しといえば、登呂遺跡などで出土した円形や方形の板状のものが一般的であるが、青谷上寺地遺跡にはそのような部材がないようだ。ここで鼠返しと考えた部材は、円形の柱に横からはめ込むことができるので、建物の側面に取り付けられる部材と考えられる。幅が三〇センチほどある板材だから、建物の側面に取り付けるとやや横向きに張り出す。この点から、鼠返しとしての機能をもつと考えている。柱どうしを結んで固定する長押《なげし》とよばれる材のような機能も合わせもっていたかもしれない。

　掘立柱建物の復元も竪穴住居と同様に模型製作から始まるが、部材の寸法や仕口が明瞭だから、細部の様子は竪穴住居ほど推測に頼る部分はすくない。ただし、焼失竪穴住居の部材が現地にそのまま残されたものであるのに対して、青谷上寺地遺跡出土の建築部材は、再利用された上にバラバラに出土したものである。現状では出揃った各パーツを合理的に組み合わせた状態で復元をおこなうほかない。どの部材がどのように組み合うかは、さらなる検討が必要である。

　なお、掘立柱建物の復元にあたっては、屋根の

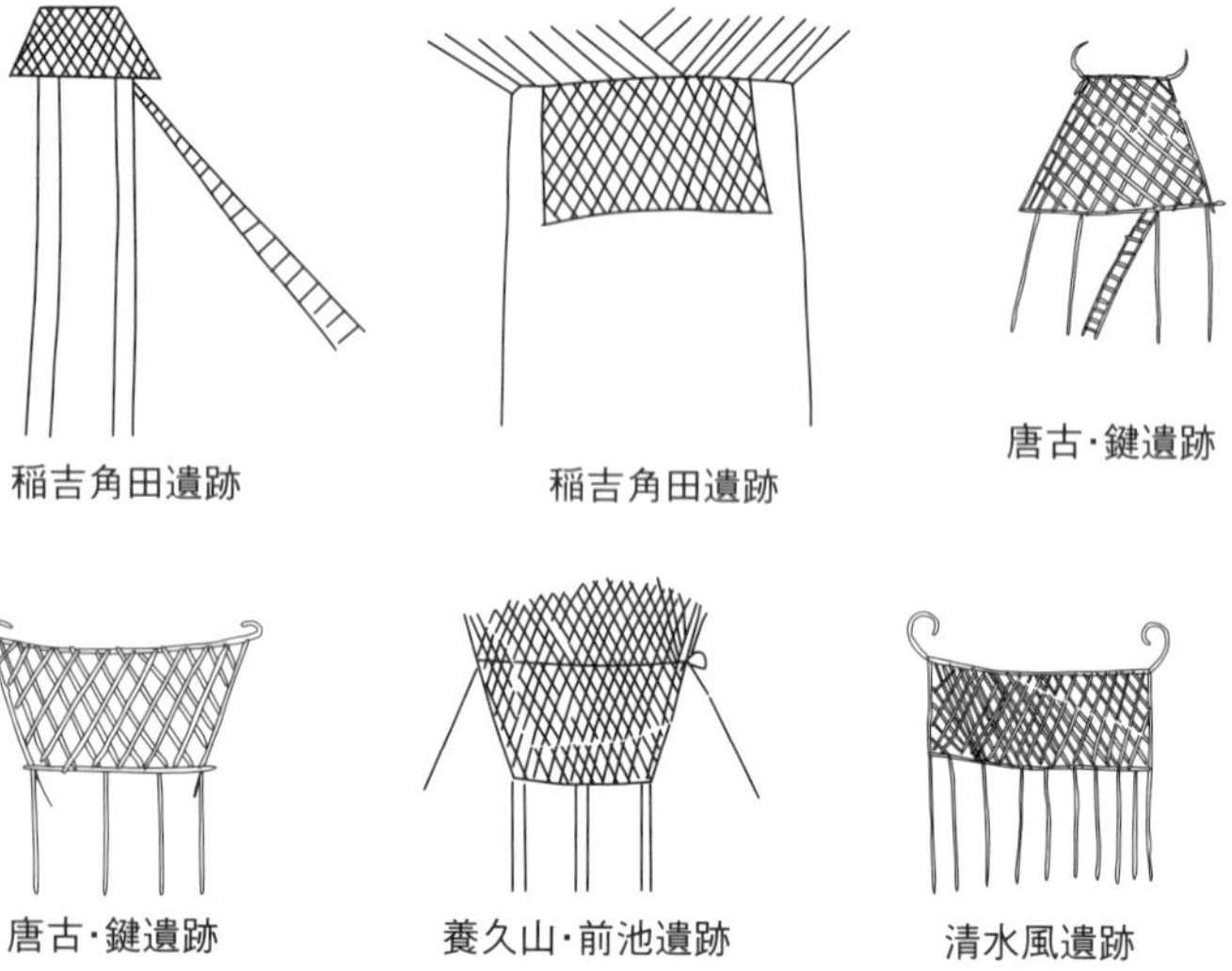

図67　土器に描かれた掘立柱建物

図68　洞ノ原西側丘陵の復元高床倉庫

形状やプロポーションの点で、土器に描かれた図像をも参考にしている（図67）。近畿地方の弥生時代中期を中心に、建物などが描かれた土器は多い。妻木晩田遺跡周辺では、淀江町の稲吉角田遺跡出土の絵画土器が有名である。屋根の上辺が短く、下辺が長く描かれた建物は寄棟造、屋根が逆台形に描かれた建物は切妻造と考えられる。妻木晩田遺跡では、切妻造で復元し、絵画土器と同じように、横から見た屋根の形状が逆台形になるようやや転びをつけている。復元候補となる遺構の規模にあわせて、壁のない屋根倉と壁のある高床倉庫の二種類を復元している。また、絵画土器や家形土器の屋根には、棟の両端が反りあがる飾りがついた表現がある。この点を考慮して、屋根の上には反った棟飾りを載せている（図68）。

5　建物復元の課題と展望

妻木晩田遺跡の復元建物は、調査成果にもとづき、忠実な復元を目指してきた。基本構造は遺跡から得られた情報を最大限に尊重し、高い実証性を確保できたと考えている。

実証性の面においては、新たな段階に入ったと評価される妻木晩田遺跡の復元建物も、実際に事業としておこなっていく上ではさまざまな課題がある。当然ながら、見学者の方々には自由になかに入って弥生の住まいを堪能していただきたい。しかし、遺構に忠実になるあまり、危険を感じるほど不安定だったり、数年で壊れたりするような建物では問題だ。そこで、安定性や耐久性を確保するために実際に検出した柱の痕跡よりも木柄《きがら》を太くしているのだが、やや立派になりすぎて見学者に誤解を与えている面もある。安全性と実証性を両立させながら復元建物の積極的な活用を推進するためには、構造や材質をさらに工夫していく必要があるかもしれない。また、復元の過程をもっと多くの人びとに知っていただき、復元の意義や限界について理解していただく必要もあるだろう。

細部では不明な点が残るのも述べてきたとおりだ。それらの解決は今後の調査、研究に委ねたいが、復元やその後の維持管理を通して蓄積した情報は貴重である。現在までにわかっていることを整理し、さまざまな復元の可能性を提示しつつ、豊富なイメージをつくっていく作業が今後必要なのは間違いない。その際重要なのは、やはり、実験考古学であろうと私は考えている。推測を裏づけるような実験をおこなってみれば、確からしさが補強されていくに違いない。

人の住まない住宅が荒れ果てていくように、竪穴住居もつねに維持管理していなければ、だめになってしまう。とくに梅雨時になると、土に浸透した雨水が渇ききらないため、屋根土に接する茅は腐りやすい。近年では、ほぼ毎日の燻蒸が欠かせなくなった。弥生時代には、各世帯が日常生活のなかで火を焚いていたはずである。これと同じ行為を仕事としておこなうのはたいへんだが、その効果は計り知れない。竪穴住居内部に煤がつき、柱や垂木はいかにも古民家風の味わいが出てきた。子どもたちは慣れていないのか、臭いというが、焚き火のにおいが生活感をさらに演出している。薪には倒木や枝を張りすぎたスギの下枝などを利用しているから、山の清掃にもなる。

そして、土屋根には当然植物が生えてくる。植物が生えることによって土の崩落が防がれ、雨漏りも減少することが実験でわかっているから、抜いたりすべきではない、というのが復元した当初の見解であったが、夏場を迎えるとそうもいっていられなくなった。発掘調査の廃土は養分が豊富なのか、ものすごい勢いで植物が繁茂するようになったのである（図69）。厄介なのは木も生えることだ。これは、さすがに抜いておかなければならない。また、弥生時代には存在しなかったはずの外来種であるヨウシュヤマゴボウも生えてきた。これはその名のとおり、ゴボウのような根が大きく発達するから、放置しておくと屋根を貫く可能性がある。これも抜かなければならない。

図69　土屋根の草１

図70　土屋根の草２

　さまざまな試行錯誤の結果、初夏にヨモギや木の芽を集中的に抜いておくと、その後にはエノコログサやツユクサのような比較的背の低い草だけが生えるということが経験的にわかってきた（図70）。勤務中余裕があるたびに土屋根に上って草を抜いていると、弥生人も屋根の管理に苦労したのだろうか、管理が面倒になった挙句に燃やしてしまうのではないか、などと思ってしまう。

　維持管理の手間を減らしたい立場からすれば、防水について効果的な工法を施すのがよいが、万全の解決策はまだない。各地で復元されることが増えてきた土屋根住居で同様な悩みを抱えているようだ。特殊な防水シートなどを土の下に入れるなどの工夫が見られる。妻木晩田遺跡の復元でも同様な防水シートを取り入れている。ただし、これは管理する立場からの発想であることに注意したい。御所野遺跡では、土屋根住居の雨漏りすらも調査の対象にし、復元した竪穴住居の屋根にトレンチを設け発掘調査しているのだ。焼失実験もそうだが、これらの発想はすばらしいと思う。土を載せると屋根材が腐りやすいのは当然と構え、いろいろと実験してみる度量が必要なのだろう。

V　景観を復元する

1　景観復元の必要性

発掘調査現場で実際に掘り出されたばかりの遺構や遺物を目のあたりにすると、さまざまな想像力が刺激される。現地説明会などで生の遺構の迫力に魅せられた方も多いに違いない。しかし、どんなに残りのよい遺跡でも、当然のことながら、それは「跡」でしかない。もはや見ることができないのがその遺跡を取り巻いていた当時の風景である。

発掘調査で判明する事実を元に復元イメージ画を描こうとすると、遺構や遺物として見つかる生活の様子は、ある程度描くことができる。前章までに述べてきたように、多くの推測を含むとはいえ、それなりの根拠を示しながら復元が可能である。ところが、やがて描きたくても描けない、真っ白なままの部分が多いことに気づく。

遺跡の発掘調査では、さまざまな遺構が検出されるが、機能や性格が判明するものばかりではない。建物の柱穴でもなく、貯蔵穴でもなく、墓穴でもない単なる穴は無数に検出される。それらは、何かの作業に使用された施設の一部だったり、柵の一部だったりするのだろうが、もはや何かわからないので、復元のしようもないものだ。単なる地面の凸凹というものもある。人が踏みしめたと考えられる固い面もあるが、それが連続して長く伸びなければ、道とする確証はもてない。さらに、遺構として残らない厄介なものもある。地面に置いてあるだけの施設や、土台が地面を掘り込まない種類の建物は、それ自体が残っていなければ、検証する術さえもない。

集落のなかや周囲に生えていたはずの草や木もそうだ。どんな草や木がどのように生えていたか、遺跡を取り巻く風景はどのように見えていたのか。突き詰めて考えると、じつはわからないことばかりなのである。考古学による過去の復元作業は、よくジグソーパズルにたとえられるが、もともと何ピースあるのかわからない上に、すでに多くのピースが失われたところから出発しなければならない。

現在、洞ノ原地区の墳丘墓があるところから見渡すことができる風景は、見学者の皆さんから好評をいただいている。眼下に広がる淀江平野、その先には国引き神話にも現れる弓ヶ浜。初夏には穏やかな気候の下、水を張られ始めた水田がきらきら光り、美しく凪いだ日本海、島根半島の山なみもすばらしい。が、それは発掘調査がおこなわれたために木が伐採され、見通しがよくなったためにもたらされた風景だ。うっそうたる森に覆われた状態ならば、そうはいかない。墳丘墓から平野や環壕が見える状態だったか否かという問題は、墳丘墓の性格を考える上でも重要だ。集落像の評価のなかで、私は墳丘墓と環壕がたがいに見通せたかのように述べたが、それは後述する検討を踏まえた推測によっており、立証するのは非常に困難な課題である。

また、居住域では、各居住単位は遺構密度が希薄な空間を挟んで存在している。この遺構密度が希薄な空間が「空閑地」であったのか、発掘調査ではわからない何かが存在していたのかはさらに重要な問題だ。もともと森林だった場所を開拓して集落を開いたとすれば、遺構がほとんど見つからない場所は、もしかすると、木が生えたままの部分だったかもしれない。木々に囲まれた村を復元するか、空白地を広場などの空間と考えるかによって、集落の性格は大きく異なることになるだろう。

ところで、景観という言葉は、Landscape（土地の風景）の訳語として使われている。その概念はさまざまな分野で用いられているが、地理学や生態学ではその内容がよく整理されている。すなわち、地形や生物がおりなす生態系がその骨格であり、ある一定の空間に人間を含むさまざまな生態系の要素が共存する姿としてとらえられる。そして、その分布のありようが景観を構成すると考えるのだ。生態学者の沼田眞によれば、単に視覚に訴えかける要素だけでなく、音やにおいのように五感に訴えかけるすべての要素の共存関係としてとらえるべきであり、景「観」よりも景「相」とよぶべきだという。そのような視点で集落景観（景相）を考えるならば、過去の生態系を探ることに一つの解決策が見出せそうだ。

景観（景相）を過去にさかのぼって調べようとすると、時代がさかのぼるほど手がかりがすくなくなり、正確に復元することはむずかしい。とくに、遺跡では当時の音やにおいは残っていないから、復元することは不可能に近い。しかし、景観の主要な構成要素となる植生を復元する手がかりはある。代表的な手法は花粉分析である。

花粉とは、春先に悩まされる方も多いだろう、あの花粉症の「花粉」である。花粉は硬い殻に包まれており、葉や幹や花よりもずっと残りやすい。大量に生産されるので、遺跡で見つかる可能性も高い。そして、花粉の形や大きさによって種や属、あるいは科といった分類レベルで植物が特定できるから、今は見ることができない当時の植生を推定できるのだ。ただし、花粉だけで過去の植生を復元しようとすると、問題も生じる。花粉には、スギのように風が運ぶ風媒花粉と、クリのように虫が運ぶ虫媒花粉の大きく二種類ある。風媒花粉は広範囲に散布されるので見つかりやすいのに対し、虫媒花粉は花が咲いていた近くでしか発見されないため、見つかりにくい。どのような経緯で運ばれてきた土に含まれているかでも評価が変わってくる。

遺跡の周辺にどんな植物が生えていたか推測するもう一つの手がかりは、遺跡から出てくる炭化材である。人がさまざまに利用した植物のなかには、すでに触れた建築材のほかに、食物として食べた植物やその種、焚き付けに使用した小枝なども含まれており、身近な生活空間で手に入れた植物が多いと考えられる。これらが炭になっていると、その形や組織から花粉と同様に種や属などを割り出すことができる。ただし、この分析結果も扱いに注意が必要だ。かならずしも人間の意志によって利用されたものでない植物を含んでいる可能性もあるし、逆に人為的な選択のために周辺の植物を代表していない場合も考えられる。周囲の植物の八〇%が針葉樹だったとしても、人間の側が広葉樹ばかり利用していたとすれば、遺跡に残る植物は広葉樹が多くなるだろう。そうすると、集落の周辺に広葉樹の森を復元する誤りを犯してしまうかもしれない。したがって、古環境復元は、可能な限り複数の証拠によって相互に補完される必要がある。

すでに述べてきたように、妻木晩田遺跡では人の生活の場を中心に発掘調査をおこなってきた。そのような考古学的な調査を進める一方、集落景観の復元を念頭に置いた古環境分析もあわせておこなってきた。生活の場の背景にどのような絵が描けるか、それを明らかにしたいからである。具体的には、花粉分析、プラント・オパール分析、炭化材・種実の樹種同定など複数の分析をおこなってきた。できるだけ複数の証拠によって古環境の復元をおこなうため、一種類ではなく、すべてを同時に実施するように努めている。

なお、プラント・オパールとは、植物の葉の細胞の一部に含まれるガラス質の物質で、腐らないために残りやすい。花粉と同様にその形や大きさによって種や属といった分類レベルで植物が特定できる。とくにイネ科植物に多く含まれているので、水田や畑の分析に用いられることが多いが、クスノキ科の樹木など花粉分析ではわからない植物の存在も判明する。

また、炭化材・種実の樹種同定は、炭になった植物を用い、専門家に鑑定を依頼するのだが、その資料を得るために発掘調査の際に生じた土の主要な部分をすべて水洗選別している。それによって、発掘調査の時点では気づかない微細な植物の種子や木片を拾い上げるのだ。発掘調査現場から土嚢袋に入れてもち帰る土は、ゆうに一〇〇〇袋を超える。そして水洗いして得られる炭化物は数万点にものぼる。洗ったばかりの土には、小石や木の根や何とも判別のつかない炭の破片が混在しており、そのなかから植物の種子らしいものを選び出す作業は、たいへんな根気と集中力の要る作業である。

2　洞ノ原地区の調査

まず、洞ノ原地区でおこなった調査成果を紹介しよう。おもに環壕内の堆積や竪穴住居跡の埋土でおこなった分析結果にもとづいている。

花粉分析によって、竪穴住居周辺は開けた空間で日あたりよく、キク亜科、タンポポ亜科、ヨモギ属といった草本類、シダ類が見られることが推測できた。これは、炭化した樹木や種子のなかにカラスザンショウやアカメガシワなどが多く含まれていることからも裏づけられる。カラスザンショウやアカメガシワは「先駆種」ともよばれ、伐採された日あたりのよい空き地に最初に生える樹木の典型である。この他にウルシ科のヌルデやリョウブといった樹木もある。これらの樹種は、発掘調査が終わった後の遺跡に今でも多くみられる。つまり、集落の周辺ではかなり伐採が進み、開けた明るい環境が形成されていたとみることができる。そのような居住域の縁辺部では、「先駆種」の植物が繁茂していた。

樹木に関する花粉分析では、集落が営まれた各時期にマツ属やマツ属複維管束亜属が卓越する。立地から考えてこのマツ属などはアカマツだろう。現代では国産のマツタケがめっきりすくなくなったが、それは、アカマツが管理の行き届いた森林でなければ生きていけないことと関係している。つまり、アカマツが多いと推測されることは、かなり頻繁に伐採や下草刈りがくり返される環境だったと推測できる。

一方、竪穴住居の建築材として用いられる樹種はクリ、スダジイが群を抜いて多い。その他には、落葉広葉樹ではケヤキ、ヤマグワ、サクラ属が、常緑広葉樹ではカシ類、クスノキ科、タブノキが多い。これまでに鳥取県内で分析された弥生時代の建築部材でマツが使われた例はない。丘陵上では、多種類の落葉広葉樹、常緑広葉樹が用いられており、青谷上寺地遺跡のような低地では、地下水位が高い場所を好むスギが圧倒的に多い。建築部材は、現代的な感覚からすると直径一五〜二〇㌢《セン チ》程度の細いものが多いとはいえ、手軽にも ち運びできるものではないし、一回の建築で多量に必要である。したがって、これらは比較的集落に近い場所から調達してきたと考えるのが自然であろう。とすれば、単純にアカマツが卓越する森を想像することは危険である。むしろ、落葉・常緑広葉樹の混淆林が基本で、部分的にアカマツが集中するような場所があったとする方が自然かもしれない。

マツ属の花粉が多いということは、洞ノ原地区の立地とも関係することが心配された。マツ花粉は風媒花粉であり、しかも遠くまで飛ぶことができるように気嚢という風船のような部分がついている。そして、洞ノ原地区は、西側が平野に面して開けた丘陵の先端部である。海岸部やより遠くから風に乗って運ばれた花粉が溜まっている可能性も考えられたのだ。妻木晩田遺跡におけるアカマツの存在は、人間が強く森に働きかけたことを示唆するだけに、その評価を遺跡全体に一般化できるかどうかは、慎重におこなう必要があると考えられた。

洞ノ原地区の調査では、どのような植物が存在したかを明らかにした点で成果があったが、人間の活動とどのようにかかわっているかを明らかにできていない点が課題であった。集落の形成が草地の環境を生み、「先駆種」となる樹種を繁茂させていたと推測できることは重要だが、それはいわば平面的な把握の仕方である。時間軸に沿って

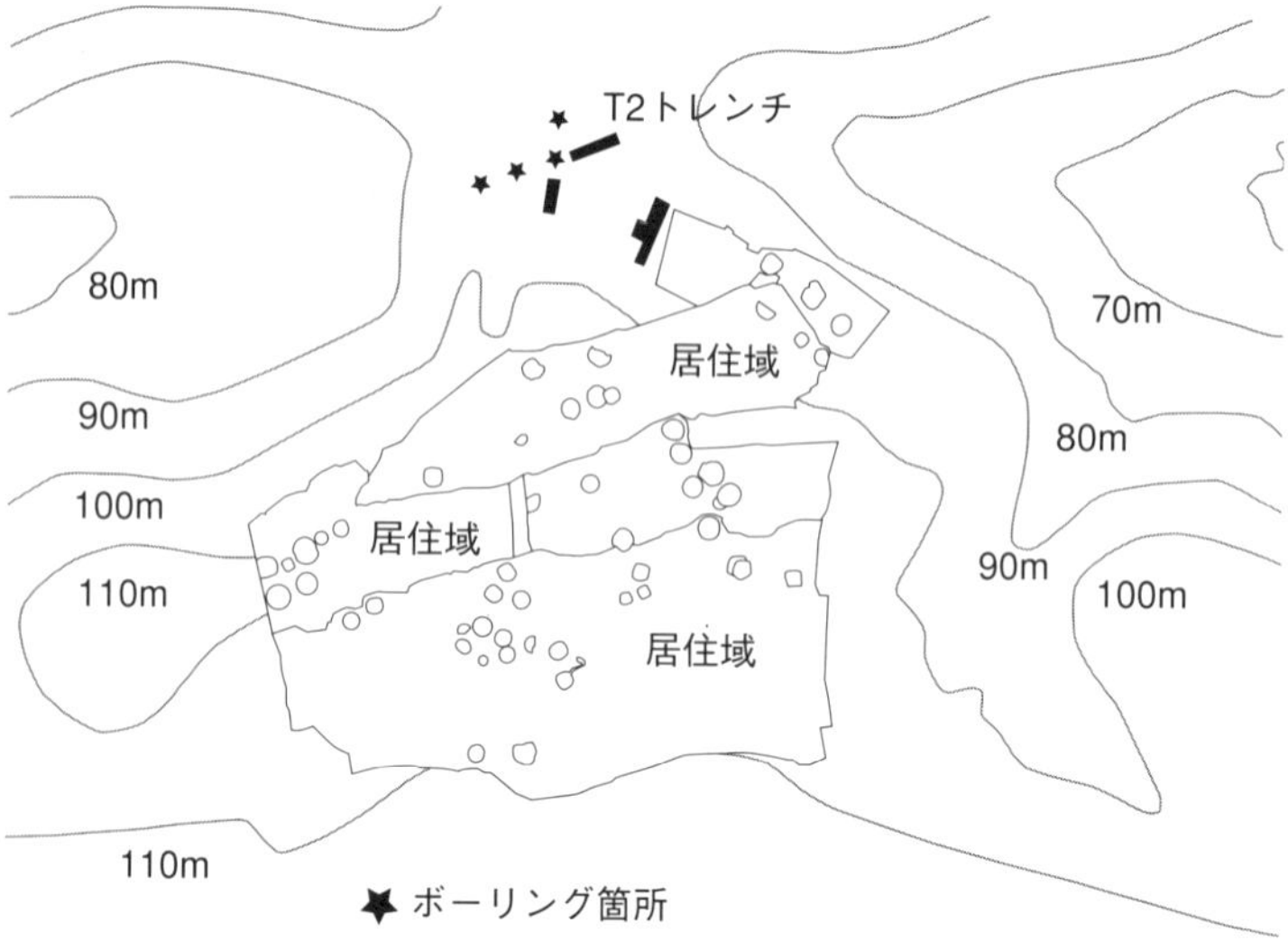

図71　妻木山地区谷部の調査位置

その環境がどのように形成されたか、あるいは変化したかを見る作業が新たに求められることになったのである。

3　妻木山地区谷部の調査

人間活動との一体的な関係を把握しつつ古環境復元をおこなうためには、花粉などの残存状況が良好で、なおかつ居住域との関係や時期の把握が可能な堆積で分析試料を得ることが重要である。さいわい、妻木晩田遺跡には浅い谷状地形が居住域のなかに入り組んで存在し、なかには湧水が認められる場所もある。そのような谷部では、分析に適した条件が整っている可能性が高いと考えられた。そこで、妻木山地区の北側の谷部でトレンチ調査をおこなったところ（図71）、興味深い事実が判明したのである。

T2トレンチと名づけたトレンチでは、最下層の明褐色ローム層（a層）の上に黒い層（b層）、黒い層の上に汚れた黄褐色ローム層（c層）、その上にまた炭の混じった黒い層（d層）というトラ縞模様の堆積が把握できた（口絵参照）。最下層のa層は大山火山灰などに由来する数万年前の層、その上のb層は縄文時代に発達した古い土壌で、クロボクとよばれている。b層の上面には縄文時代の落とし穴が掘り込まれていることがわかった。つまり、縄文時代のある一時期には、確実に地表面だったことを意味している。

そのb層の上に、本来下層にあるはずのロームが堆積しているのはなぜだろうか。しかも炭粒を含んでくすんだ色に汚れ、弥生時代後期の土器を多く含んでいる。これは、丘陵の上につくられた居住域から、捨てられた土器や炭がロームとともに流れてきたと考えるのが最も自然である。竪穴住居や貯蔵穴などを掘れば、クロボクが薄い丘陵頂部では、すぐローム層に達する。地面を掘り返して出てきたローム層が生活廃棄物とともに谷部に流れ出て、溜まったと考えられるのである。

汚れたローム層（c層）を詳しく観察すると、上下二つの層に分けられた。下の層は土器を含まないが、上の層には弥生時代後期の土器や鉄製品などの遺物を含む。そして、上の層でも下の方には後期前葉の土器が含まれ、上の方には後期後葉の土器が多く含まれていた。このことは、妻木晩田遺跡で集落が営まれる以前から少しずつロームの流出があり、集落の存続期間中もロームが流出しつづけたことを意味している。

上層の黒い土（d層）にも土器が含まれていたが、それらは小さな破片ばかりで、弥生時代から古墳時代までの土器が混ざっている状態であった。このような場合には、土器が示す年代よりもずっと後の堆積である可能性が高い。肉眼で確認できるほど大きな炭の粒などを含んでいたから、山火事などの跡とも考えられた。

このように、T2トレンチでは、非常に長期にわたる堆積がつづいており、その要所で人間のかかわりが見られる点が重要である。このような場所で花粉分析などをおこなえば、時間軸に沿った古環境の変遷がとらえられるに違いない。そう判断した私たちは、このトレンチで重点的に分析試料を採取することにした。さらに、このトレンチの延長部分に四本のボーリングをおこなって、四〇点以上の分析試料を得ることができた。

炭化物の年代を理化学的に計測する方法（加速器質量分析による放射性炭素同位体法）によって、分析資料の年代測定をおこなったところ、最も古い年代はb層の下部で今から一万三〇〇〇年前（紀元前一一二一五年）ということがわかった。その上部は、紀元前五三五〇年だから、縄文時代草創期から早期後半の約六〇〇〇年間の堆積であると考えられた。中間のc層は、紀元前一三七五年～紀元後一二〇年という測定値が得られた。考古学的には、縄文時代晩期から弥生時代後期にあたる。d層は、紀元後七世紀後半から八世紀後半の一〇〇年間に測定値が集中している。測定値は、地層の下の方から順に年代が若くなり、順序に乱れたところがないから、この部分の堆積は長時間をかけて形成されたものであると考えてよい。このことは、妻木晩田遺跡で一万年以上に及ぶ環境の歴史を記録した辞書が手に入ったということを意味する。

4　妻木晩田遺跡における一万年以上の環境史

T2トレンチ、ボーリングで得られた一万年以上さかのぼる堆積物は、妻木晩田遺跡のみならず、周辺地域の古環境を探る上で重要な基礎データといえる。

年代的に縄文時代の初期（草創期から早期後半）にあたるb層では、花粉分析の結果、マツ属など針葉樹を中心とした植生からアカガシ亜属やコナラ亜属が高率を示す植生へ変化することがわかった。これは、後氷期の温暖化によって照葉樹林化が進んだと理解できる。同じころの低地では、河畔林と見られる植生を交えつつ、やはりカシ類が高率を占める。弥生時代集落が営まれる以前の基盤的な自然環境は、照葉樹の森だったと理解していいだろう。そのような森が形成された後、落とし穴が掘られたことは、縄文時代の人びとにとって良好な狩場だったことを示す。

b層の上位に堆積していたc層は、弥生時代後期を中心とする時期の堆積であり、南側の妻木山地区の丘陵上に営まれた居住域からの流出土と考えられる。花粉分析では、花粉化石の含有量がすくなく、不安定な環境下で激しい堆積作用および浸食作用があったことが想定された。そのような状況でアカマツと考えられるマツ属花粉が存在する一方、ヨモギ属など草本類の花粉やシダ類の胞子が目立つ。堆積の性格を考えあわせると、集落の形成にともなって、既存の植生がいちじるしく改変され、草地に変わっていったと考えられる。弥生時代の村づくりは、植生環境の大幅な改変をもたらし、表層土壌の流出をも招くような、いわば環境破壊をもたらしたのだろうか。

ところで、このc層に包含される炭化物の年代は、紀元前一三七〇年頃までさかのぼる。また、T2トレンチでは、弥生時代後期前葉以前にもロームの流出があったことがうかがわれた。このことは、本格的な集落の形成に先立って、土壌流出を招くような環境の改変がすでに存在したことを意味している。妻木晩田遺跡において、後期前葉の居住域形成に先立つ遺構は、わずかしか見つかっていないが、これまでの出土遺物をみると、縄文時代晩期以降、弥生時代中期の土器片が散見される。このことから、居住域となる以前にも丘陵上の土地利用が断続的に存在し、まったく人為的な影響が及ばない場所ではなかったと理解できる。縄文時代からつづく照葉樹林の森を新たに開拓して村をつくったのではなく、弥生時代後期にいたるまで人の活動領域であり、人為的なかく乱によって、すでに二次林化が進行しつつあった森に村が進出したと見るべきなのだろう。

一方、竪穴住居跡の埋土を水洗すると、炭化したコメのほかにヒエ、アワ、キビ、マメ類のような畑作物がともなって出土する場合が多い。このことからすると、居住域に近い場所では、畑が営まれた可能性が考えられる。また、モモの種も多いから、モモが栽培されていた可能性もある。c層のような土壌流出は、単に遺構の掘削にともなう土だけではなく、畑の耕作によって土が流れやすかったことが関係しているのではなかろうか。すでに述べたように、竪穴住居跡群の周辺には、遺構があまりない空閑地が存在する。発掘調査でその痕跡が確かめられたわけではないが、この空閑地に畑が営まれた可能性は、十分考えておかなくてはならないだろう。

ここで、最初の復元イメージ画の問題に戻ろう。墳丘墓が平野や環壕から見えたかどうか、あるいは、竪穴住居のまわりが森だったかどうか、である。上記のような分析結果を見れば、丘陵の上はかなり木の伐採が進み、視界が開けた状態であったことは確かなようだ。アカマツばかりが生えるはげ山ではなかっただろうが、すくなくとも人間の活動が頻繁に及ぶ生活空間は開けた環境だったと思われる。したがって、おそらく、洞ノ原墳丘墓から環壕や平野が見えたであろう。竪穴住居が存在する周辺の地面には、草地や広場や畑を描くことが妥当と思われる。また、竪穴住居跡が累積した結果は、列をなしていることが多い。これは、各居住単位間を結ぶ道などが存在し、竪穴住居の立地に規制を与えたとも考えられる。したがって、道も描く必要がある。畑には、ヒエ、アワ、キビ、マメなどが植わっていた。コメが陸稲だったとすれば、イネもあったかもしれない。モモの木も植えられていただろう。どの程度、といった量の問題は未解決のまま残るが、キャンバスの白いまま残った部分には、このような要素が描かれるべきだ。

なお、居住域でなくなったのち、ロームの流出は止まり、七世紀後半を中心とするころにd層が形成される。このころにはアカマツ林が残存しつつもクスノキ科やシイ類などの常緑広葉樹、ナラ類などの落葉広葉樹が混淆していたと考えられるから、森林の回復期と考えられる。一方、樹木花粉の様相とは異なって、イネ科花粉が弥生時代よりも多い状況も見て取れ、ソラマメ科の花粉も含まれていた。このd層が比較的大きな炭を含んだ堆積であったことを考慮すると、焼畑がおこなわれた可能性も視野に入れておくべきだろう。

重要なことは、この時期以降も安定的な極相林が形成されたわけではないということだ。じつは、ボーリングは二カ所おこなっており、先に紹介したT2トレンチ周辺とは異なる場所のデータもある。包含されていた炭化物の年代で、鎌倉時代まで下る時期の堆積にはアカメガシワの花粉が豊富に含まれていた。アカメガシワはすでに紹介したように伐開地の縁辺に生息する「先駆種」である。虫媒花粉であるから、これが多量に見つかることは、その場所で群生していた可能性が高いと考えられる。確実に中世と考えられる遺構、遺物はほとんど存在しないから、かく乱の原因を人間の活動にだけ求めることはできないが、中世にいたっても人によって森が利用され、やはり畑や植林地だった可能性を考えておかなければならない。

妻木晩田遺跡で古環境を探っていく作業は、まだ始まったばかりであるが、長期にわたって人のかかわりが存在したと予想される点が重要である。縄文時代は狩場の森として、弥生時代以降は集落や畑として、古墳時代には墓地であり、それ以降も畑地や植林地として、おそらく、歴史上途切れることなく人が活動する山だったと考えられるのだ。このことは、たとえ遺構や遺物として明確でなくても、今後の調査の視点として、十分に認識しておく必要があろう。これは、妻木晩田遺跡の現代的意義を考える上でもたいせつなことだと思う。

5　現状の自然環境調査の必要性

遺跡内のいま現に生えている植物や昆虫の調査をしているといえば、奇異に聞こえるかもしれない。先に述べたような昔の地層ではなく、である。

先ほど述べたとおり、妻木晩田遺跡は、歴史上の多くの部分で人と関係の深い山であった。そして、ごく近年でも地域の里山として親しまれてきた。地元の年配の方々にうかがうと、妻木晩田遺跡はじつにさまざまな形で利用されてきたことがわかる。

明治の初めに妻木晩田遺跡の麓にあった高麗《こうれい》村の初代村長・諸遊《もろゆう》弥九郎は、燃料材や建築材としてアカマツの植林を推進し、その売却益で中学校建設を果たすなど地元の社会教育にも貢献したという。その後もアカマツの植林は積極的におこなわれ、丘陵のほぼ八割に及ぶ範囲がアカマツの植林地となっていた。

一方、盆や仏事に使うシブキ（ヒサカキの地元名）や正月飾りに使うウラジロ（シダ植物）を採る山でもあり、季節ごとの山菜採りなどは今でもおこなわれている。一九三〇年代（昭和十年頃）には、食料増産の要請を受けて、妻木山地区の大部分が開墾されて畑になったようだ。子どもたちにとっては、夏に昆虫や鳥を捕まえる遊び場であり、冬にスキーやそり遊びをする場でもあった。

また、現在は名を変えているが、洞ノ原地区の麓にある県立高校はもともと一三〇年の伝統がある農業高校だった。かつてはその演習林が遺跡内に存在し、果樹や茶が栽培されていた。発掘調査現場でお世話になる作業員さんのなかには、この農業高校のご出身の方もあり、かつて果樹園だった場所などを教えてくださる。その周辺には野生化した茶やクワの木が生えていることがある。

アカマツの林は、この地域で育った人びとにとっては、生活を支える資源として、マツタケをもたらす恵みの山として、遊び場として、郷愁をともなって忘れがたい存在であった。残念ながら、妻木晩田遺跡のアカマツ林はマツクイムシの被害によってほぼ全滅してしまったが、すでに一九七〇年代ごろからマツタケが採れなくなっていたというから、産業構造の転換や燃料革命によってアカマツ林を維持できなくなっていったのだろう。妻木山地区の畑も、一九七〇年代後半まで存在していたが、その後は森に戻ってしまっていた。

このようにみると、妻木晩田遺跡における人と自然のかかわりは古くから連綿とつづいていたのだが、二十世紀後半にはその関係が失われつつあった。妻木晩田遺跡の森と人との関係が途絶えた結果がゴルフ場開発であり、大規模な発掘調査だったというわけだ。

しかし、その方向性にはストップがかかり、広大な丘陵が遺跡と一体となって保存されることとなった。一五二ヘクタールという面積は、単に遺跡に付属した自然環境という規模を超えており、地域の生態環境の重要部分を担う規模に達しているといえよう。したがって、それらが将来にわたって健全に維持されていかなければならないが、人の生活や生業と密接にかかわってつくられた自然環境としての「里山」は、すでに失われているといわざるを得ない。その形骸はまだあちらこちらに存在するが、それを全域で保ちつづけるのは非常に困難だ。二〇〇〇年のときを経て、現代の私たちが遺跡と新たな関係を結び始めたように、妻木晩田遺跡を育んできたこの森とも新たな関係を構築していくことがよりよい姿と思われる。そのために、現在の森がどんな状態なのか、どのような経緯で今の状態になっているのか、この先どのように変わろうとしているのか基礎的な情報を知っておかなければならないのだ。

6　自然環境基礎調査の概要

以上のような課題意識を受けて、二〇〇一年から四年間をかけて自然環境基礎調査をおこなった。おもに樹木を中心とした植物を対象としているが、植物よりも環境の変化に敏感で、なおかつ植物の生態に依存している昆虫も調査の対象にしてきた。これらの調査は、植物、昆虫の生態学や環境史に詳しい研究者にご指導をいただきながら、専門のコンサルタントとともに進めてきた。

植物の調査法は、一〇《メートル》四方の調査枠を遺跡内の各所に設け、その枠内に生えている植物の名称、生育の状況や経年変化を調べるというものだ。調査枠は、近い過去に伐採された場所か否か、斜面の向きや斜度などの諸条件によって分類した場所ごとに一五カ所設置した。将来背の高い木に育って森の上部（樹冠）を構成する樹種か、林内で低木のまま存在する樹種か、といった視点にもとづき、現在の生育状況や枝が伸びる方向などを調査する（図72）。さらに詳細に、どのような種類の植物の芽が出ているかも調べる。地形や過去の伐採履歴によって植物の生育状態は異なるが、このような方法で調べれば、森の現状や将来像が描けるようになるのだ。

その結果によれば、近い過去に伐採がなかった部分では、クリ、コナラなどの落葉樹とスダジイ、アカガシ、タブノキといった常緑樹とが混じりながら育つ樹林が形成されつつあり、人工的な植林地であるアカマツ林から遷移が進んでいる。一方、マツクイムシの被害拡大を防ぐためにアカマツを伐採して搬出したり、その他の理由で木を切ったりした場所では、アカメガシワなどの「先駆種」が多く、後継の樹木も低木を除けば落葉樹が多い現状が明らかになった。前者は二、三〇年後には、さらに高木層が充実し、良好な生態系に戻っていくが、後者はしばらく落葉広葉樹が優占する植生のまま残ると予想された。

資料編1　森林植物調査（10m枠木本植物位置図）

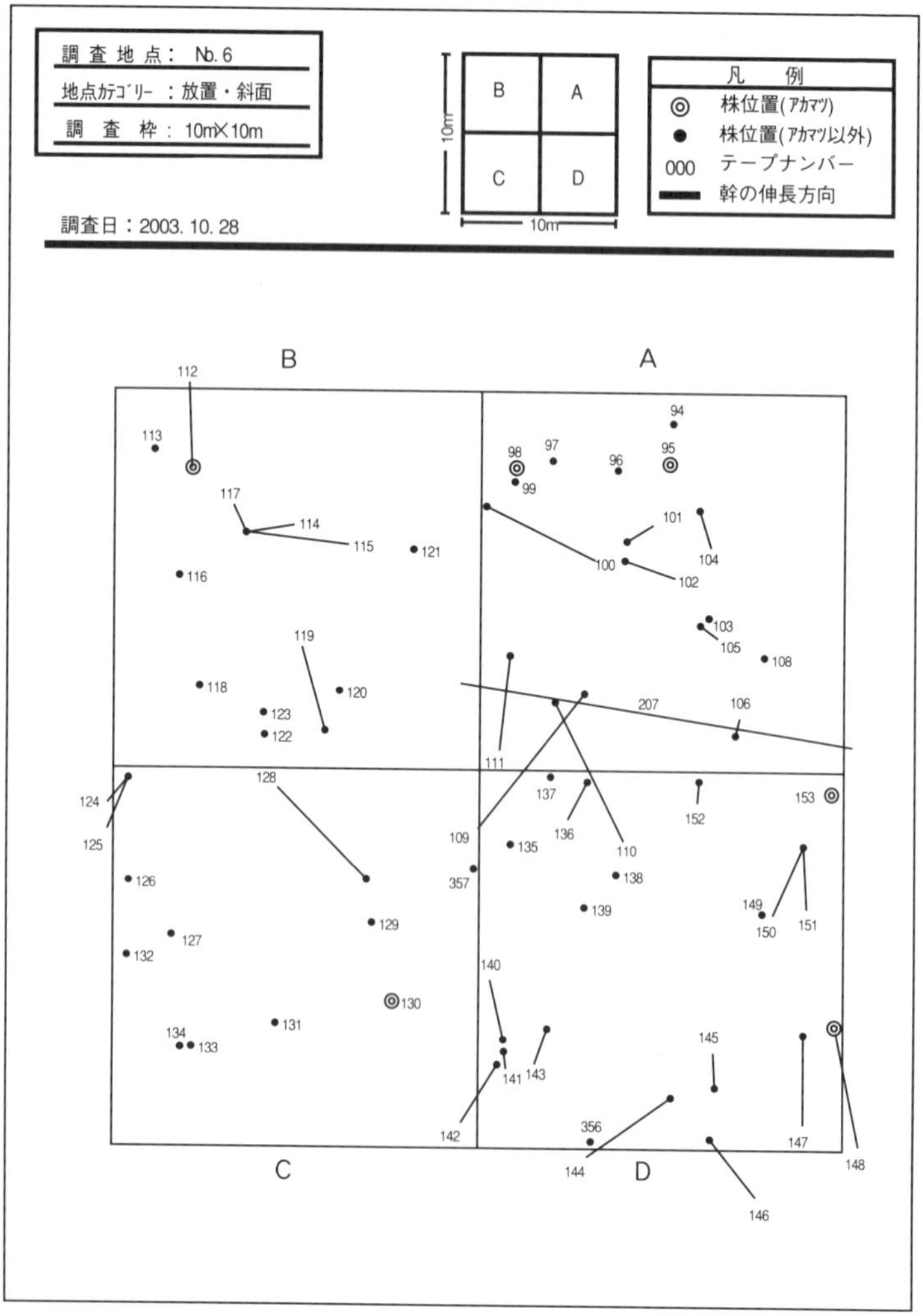

図72　植生調査票の１例

昆虫の調査方法は、おもにライト・トラップ法とピットフォール・トラップ法を用いておこなった。ライト・トラップ法は、真夜中にライトを灯し、その明かりに集まった昆虫の種類を調べる方法である（図73）。おもな対象としているのは、植物を餌としているガであるから、嫌いな方も多いに違いない。ただし、これまでに捕まえられた昆虫標本を見ると、なかなか色とりどりのガがいて楽しい。二〇〇三年度の調査では、ガ類は、雑草や低木などを食草とする低地から里山的環境にかけて見られる種が多く、森林性種はやや貧弱となっている。

一方、ピットフォール・トラップ法は、地面に小さなコップを埋め、それに落ちた昆虫を調べる方法だ（図74）。ガがこの調査の対象になる。地面を徘徊するゴミムシの類やゴミムシといった地味で、一般には嫌われやすい昆虫ばかり集めているようだが、い

図73　ライト・トラップ法

図74　ピットフォール・トラップ法

ずれも森林の現状に敏感に反応し、生態学的に重要な種類の昆虫である。調査の結果、良好な森林環境に生息する種類のゴミムシはおらず、森林を好む種類から平地を好む種類まで多様な種類が確認された。

　これらの調査結果をまとめると、アカマツの植林地が枯れ、広域な発掘調査で開けた空間が出現するという生態系の大きなかく乱が起こった後、植物や昆虫の世界では、そのかく乱に対応する動きが活発化している状況ととらえられる。一般に、大規模な植生のかく乱が起こった場合、順調に生態系が回復するかどうか不透明なことも多いようである。

　しかし、さいわい、四年間の基礎調査をまとめた段階では、どの植生調査枠でも順調に生育している状況がうかがわれた。昆虫の調査では、レッドデータブックに記載されている希少な種類の昆虫も確認され、良好な生態系に向かっている傾向も見えている。

　生態系の回復は、実体験として感じるときがある。妻木晩田遺跡の現地事務所の灯に誘われて集まるクワガタムシやカブトムシは、当初は迫力のないサイズばかりだった。しかし最近では、確実に大きな個体も目にする。また、昆虫だけでなく、鳥も増え、小型の猛禽類であるミサゴをよく見かけるようになった。妻木晩田遺跡周辺に点在する溜池の魚を狙っているのだろうが、遺跡が彼らのすみかとなるならば、大歓迎である。分布調査中に目の前をカワセミが横切って驚いたこともあった。

　一五二ヘクタールもの森を健全に維持していくことは、かなり荷が重い仕事であろうが、これらの動植物が育まれている姿に接すると、その重要性にあらためて気付かされる。そして、歴史上連綿と人が活動してきたこの森を遺跡も含めてトータルに守っていくことが求められているのだろうと実感する。今後は森の成長を見守りながら、順調な生育を脅かすことのないよう適切にかかわっていかなければならないだろう。これには、多くの人びとの理解と協力を必要とする。遺跡の見学においでいただくときも、ぜひ遺跡の舞台となっている自然環境にも目を向けていただきたい。

Ⅵ　これからの妻木晩田遺跡

1　初期整備の概要

全面保存・史跡指定から六年が経過した現在は、二〇〇〇年度からおこなってきた初期整備事業が一段落しているが、新たな段階に進むための作業は、途切れることなくつづいている。ここでは、初期整備の状況を少し振り返っておこう。

すでに述べたとおり、妻木晩田遺跡の発掘調査は不幸な始まり方をしたが、さまざまな人びとのご支援をいただいたおかげで全面保存にこぎつけることができた。全面保存決定後、保存範囲が約一五二ヘクタールに及ぶ広大な面積であることや、二つの自治体にまたがって存在することなどから、県が公有化して管理していくこととなり、一九九九年十二月二十二日に史跡指定された。

可能な限り早期に遺跡を公開していく必要があったが、その当時は調査後に埋め戻しがおこなわれておらず、遺構の損壊が進む地区もあったため、全面的な保護工事も急がれる状況にあった。さらに、遺跡が立地する丘陵は古くからアカマツの植林地であったが、マツクイムシ被害が拡大して多量に枯死し、史跡指定を受けるころには倒木が多数発生する事態となっていた。公開対象地が広大な丘陵であることや冬の積雪期を考慮すると、短期間で全面的な保護工事や安全対策をおこなうことは困難だった。

そこで、一九九九年度中に遺構単位の応急的埋め戻し工事を全域で進める一方、二〇〇〇年四月の部分公開に向けた取り組みをおこなうことになった。その際、環壕、墳丘墓、居住域といった構成要素が揃っているため、妻木晩田遺跡の特徴をコンパクトに表現でき、なおかつ見学にも便利な洞ノ原地区を先行的に整備し、公開していくことが最もよいと考えられた。その他の地区における整備は、並行して検討する基本構想、基本計画にのっとって順次整備することとし、それらを定めるまでの三年間（後に延長して四年間）国庫補助を充てながら、県の単独経費でもおこなった整備を初期整備と位置づけている。

広大な遺跡整備の一部として、全体の整備が進行するまでの間、見学者の基礎的な要望に応えられるものを目指したため、将来の全体整備と齟齬をきたさないオーソドックスな表現手法を基本としたが、その枠組みのなかでも可能な限り一つに固定しない網羅的な表現を試みた。つくりかけで止めたような、骨格だけの復元住居などはその例である（図75）。これは、建築途中の風景としても臨場感があり、復元された竪穴住居の建築工程を解説するのにも適している。

また、見学者やご指導いただいた委員会から寄せられた意見では、復元整備とともに、発掘調査された遺構の「生の」迫力を求める声が多かった。これに応えるため、遺構の露出展示もおこなってきた。復元に代表される整備手法は、見学者に実際の集落像に関する視覚的なイメージを伝

図75　骨格復元住居

える点で重要であるが、すでに触れたように、つねに真実性の問題が付きまとい、実証的な復元には当然ながら限界がある。一方、実物遺構の露出展示は、遺構保護上の諸課題を解決し、効果的な公開方法を考える必要があるが、遺跡の価値の根源や魅力は、やはり実物にあるといえる。竪穴住居跡の深さを目のあたりにする感動は、やはり必要だ。

そこで、洞ノ原墳丘墓群のうち、七号、八号四隅突出型墳丘墓の二基、および、妻木山二区に所在する一一七〜一一九号竪穴住居の三基については、埋め戻しをおこなわず、化学的な保存処理によって発掘調査当時の姿を露出展示することにした（図76、77）。ただし、七、八号四隅突出型墳丘墓に関しては、五年間は公開できたが、風化が心配される状況が見え始めたので、現在では埋め戻している。周辺の景観に配慮して、何も覆屋を設けず、化学的な保存処理方法を工夫することで対応できないか試みたが、時期尚早だったようだ。

竪穴住居跡の遺構露出は、現状では応急的な

図76　墳丘墓露出展示

図77　竪穴住居露出展示

ジャバラ式テントで公開している。これは現在も公開できているが、応急的なテントではやはり限界もあるので、適切な施設を設けなければならない。竪穴住居のように土でできた遺構をそのまま公開するには、地下を浸透する水の影響を遮断し、気候の変動から切り離してしまうのが最も確実な方法である。それは遺構を密閉し、大がかりな空調施設をつける方法である。しかし、そのような施設は、大規模かつ人工的なものになりがちで、妻木晩田遺跡の自然環境と調和しない可

能性が高い。しかも、妻木晩田遺跡の魅力は、開けた視野のなかで弥生時代の集落をそのままのスケールで感じられる点にある。したがって、閉ざされた空間のなかで竪穴住居跡を見ても集落のなかの位置づけがわかりにくい。周辺の環境に調和しつつ、開放的な空間で生の遺構の迫力を感じることができないだろうか。

2　妻木晩田遺跡整備活用基本計画

初期整備でおこなってきた整備は、当面の数年間で実現できる内容にとどめたものである。洞ノ原地区は、集落を構成するさまざまな要素がコンパクトにまとまっている地区だが、その他の地区は何しろ広大なので、これをどのように公開し、整備するかは大きな問題である。一朝一夕でできるものではない。具体性があって、しっかりとした基本方針がなければ、長期的な事業としておこなっていくことは不可能だろう。

これまで述べてきたような集落像や自然環境は、今後の整備に向けた基礎作業として整理してきた内容であった。基本構想や基本計画というと、いかにも行政的な雰囲気が漂うかもしれないが、実際におこなうことは非常に泥臭い作業だ。集落像に関する具体的なイメージをもった上で、いつ、どこで、何を、どのような順番でおこなうべきか整理するための作業である。遺跡内の諸条件をぬり絵やイラストで表現し、現地を確認するために歩き回る。

このような作業は、事務局と検討委員会だけでおこなったのではない。機会あるごとに見学者や一般県民に考え方や理念を説明し、ご意見を募った。課題が出るたびに検討し、修正をくり返す作業のなかで、以下のような理念や具体像が固まっていった。

妻木晩田遺跡を全体としてとらえる視点は、まず、自然環境と一体となって存在してきた遺跡というものである。先に紹介したような古環境調査や現状の自然環境調査が明らかにしてきたことは、歴史上つねに人と自然が密接にかかわりあって妻木晩田遺跡が存在してきた点である。一方、現代社会のなかで生きる私たちが、妻木晩田遺跡に対して、過去の人びとがおこなってきたことと同じ行為を維持すべきかどうかという問題がある。結論からいえば、それは困難で、むしろ大部分は健全な森に戻していくことが最も負担がすくなく、地域の生態系にとっても好ましい。弥生時代に土壌流出が起こるほど強度な環境改変がおこなわれていたからといって、それをそのまま復元することは好ましくない。逆に、全域を完全な森に戻してしまうことも、歴史上明らかになった妻木晩田遺跡の性格と相容れない。

人が活動し、一定の開けた空間が存在する一方、自然環境としても多様で深い内容をもってきたのが総体としての妻木晩田遺跡だとすれば、弥生時代の村の復元と自然環境が一体として存在する姿を目指さなければならない。そのような骨格のもとに、集落の復元整備を考えた。すでに詳しく述べたように、妻木晩田遺跡の弥生人たちは「家族」単位で生活し、複数の世帯共同体がたがいに結びつきあって暮らしていた。この姿が最も明瞭なのは、後期後葉の妻木山地区である。ここでその姿が復元されるならば、見学者に集落構造の理解を促すだけでなく、そこで営まれたさまざまな生業や生活文化にちなんだ活用事業の展開も期待できよう。

妻木山地区は、現在展示室となっている遺跡の中央部からも近く、野外の集落復元と出土品などの展示が有機的に結びつきあう。現在の展示室は、機能と設備を拡充した上で、遺跡見学のセンターに位置づけるべきだ。

集落周辺に人が密接にかかわった自然環境として、草地や雑木林や畑などが存在すると考えられる。これらは歴史上妻木晩田遺跡がつねにもってきた属性だから、整備に際しても人とのかかわりを維持していく必要がある。具体策は検討しなければならないが、弥生時代に利用された植物で構成される見本林を企画している。これを地域の人びとともに植え、育てていくことが最もよいと考えるが、竪穴住居などの復元、修復や維持管理、あるいは道具作りの体験学習などに役立つ資源林となるよう手を入れていけば、集落景観としてもふさわしい姿になるだろう。畑などもつくっていけば、さらに活用の幅が広がるに違いない。

集落の復元とともに遺構の露出展示も計画されている。遺構露出展示そのものは、公開当初から試みてきたものであるが、基本計画において意図するものは、導線をも取り込みつつ巨大空間を覆って、遺構の生の迫力を見学者に提供しようとするものである。その際の方針として、①密閉型の覆屋を避け、開放的な空間とすること、②史跡指定地内に設置するため、原則として仮設構造であること、③遺跡の周辺景観、自然環境に溶け込むデザイン性を要することが謳われている。

石造建築物が主体となり、遺跡そのものが遺構露出展示でもあるヨーロッパのような地域では、開放的な空間のなかに遺構が存在し、周辺の環境と一体化した姿を見せてくれる。このような事例とくらべて、日本の遺跡の多くは、上部構造が失われやすい木造建築や土質の遺構である。さらに、気象条件の違いなどもあるから、ヨーロッパとまったく同一の手法をとることはむずかしい。

しかし、遺構が形成された背景や空間的な広がりを無視できない点は、変わるところがない。妻木晩田遺跡は自然環境をも含み込んで広域に保存された遺跡であり、居住遺構の広がりやそのありようが遺跡の重要な要素となっている。したがって、計画する遺構露出展示は、周辺に広がる遺構との関連性やそれが形成されてきた歴史性が理解でき、なおかつ周辺景観にも視線が広がるような手法が必要である。

また、施設の中身や施設における活動が展示解説、体験学習、休憩所といった複合的機能をもって訪問者を迎える工夫も忘れてはならない。遺跡に長時間滞在して過ごせる施設や環境は、十分に整える必要があろう。それらが景観のなかに自然と存在し、見学者を導く施設となって各所に配置されれば、広大な面積も有効に活かせるだろう。

3　遺跡の活用とは

妻木晩田遺跡では、活用事業を「遺跡で学ぶ」、「遺跡を楽しむ」という二つのカテゴリーに分類し、進めている。ただし、この分類はたぶんに便宜的なもので、「学ぶ」ことが「楽しむ」幅を広げ、「楽しむ」ことが「学ぶ」きっかけとなるような循環を目指すべきだと考える。

遺跡で学ぶ活用の分野では、遺跡から得られた学術的な情報を骨格としたシンポジウムや出前講座などを毎年おこなっている（図78）。これらは一定期間に積み重ねた調査研究の成果を公表し、社会に還元していく場でもある。シンポジウムは、前日に地元の教育委員会と共同しておこなう文化財めぐりとも相まって、参加者に好評をいただいている。

図78　シンポジウム風景

また、学校教育との連携を図っていくため、出前授業や見学受け入れなども随時おこなっている。県内、近県の小学校から大学まで幅広く受け入れており、近年では定期的に訪れてくださる学校もある（図79）。ただし、見学案内以上のプログラムの提供には限界があるのが現状だ。出前授業から見学案内、体験学習まで一貫しておこなって学習効果を高めるには、担任の先生との綿密な打ち合わせを必要とする。そのような例は、どうしても遺跡近隣の学校になりがちであるが、もっと多くの学校でご利用いただきたい。

　また、連携活動をさらに充実させるため、県の教育センターがおこなっている教員研修プログラムにも参画してきた。「将を射んとすればまず馬から」というわけで、まず学校の先生に遺跡の魅力を知っていただこうという趣旨である。

　遺跡や周辺の文化遺産を活かした歴史学習だけではない。遺跡の立地は、大山の麓に展開するこの地域に特徴的で、なおかつ多様な地形を見渡すビューポイントを兼ね備えているから、地理学習にも役立つと考えている。また、すでに述べたよ

図79　小学校見学風景

図80　写生会風景

うに周辺の自然環境は、人と生態系のかかわりやその移り変わりを理解するのに適したフィールドでもある。ここでの観察は、理科や現代社会などの学習にも貢献できるはずだ。これまでに現地見学後の感想を短歌にする国語学習や、写生会に利用していただいた実例もあり、工夫次第でさまざまな教科と連携できる可能性も見え始めている（図80）。現状では、授業時間数の制限や利便性の問題もあるが、補助教材の共同開発やインターネットを利用した情報配信など工夫ができる余地は大きい。たがいの活動の接点を広げ、より緊密な連携を進める必要があろう。

一方、遺跡を楽しむ活用としては、遺跡の魅力の一つである景観や自然環境を活かしつつ、さまざまな活用事業を展開している。春と秋に弥生時代の農事暦にちなんだイベントを実施し、それぞれ「新緑まつり」、「秋麗まつり」として定着している（図81、82）。復元した石斧による木こり体験や杵と臼を用いた脱穀体験などを中心としつつも、地元の婦人会の方々にドングリ料理を出していただいたり、物産市を催していただいたりして、遺跡に高い関心がない人びとや家族連れでも

図81　新緑まつり

図82　秋麗まつり

図83　自然観察会

参加しやすい内容を目指している。

また、自然観察会を毎年春と秋に開催し、山菜摘みと試食、草木染め、ウッドクラフトのような山遊びを並行して実施してきた（図83）。近隣の住民やボランティアガイドの方々、地元の物産振興会、婦人会、学校、自然観察員などの方々にご協力をいただいており、地域的なイベントとしても定着することを目指している。

これらの活動には、当然反省点がある。最も大きな一つは、遺跡の活用についてさまざまな意見があり、それらの共通認識ができていない点だ。原則として、遺跡が現代に活かされるためには、さまざまな人びとに利用される必要がある。その点では、コンサートやお芝居、あるいは野点のようなイベントも必要である。遺跡が現代社会のなかで新たな役割を担う重要性は大いにある。

一方、遺跡が現代に訴える歴史や雰囲気、景観も忘れてならないのは当然だ。どのようなイベントを求めるかは人によっても異なるから、にぎやかなイベントだけが重要なのではないし、何にでも利用されればよいわけではない。

遺跡の活用の根源は、遺跡そのものにあると考えるならば、やはり遺跡の内容や環境に密着し、なおかつ観念や想念の世界ではなく、可能な限り妻木晩田遺跡の現地そのもので展開するものがふさわしいといえるだろう。何も遺跡の「お勉強」だけが正しい活用だというのではないが、さまざまな「活用」の先には、やはり、過去の人間の活動に対する理解へと発展するようなプログラムが準備されている必要があると思う。先にも述べたように、「学ぶ」ことが「楽しむ」幅を広げ、「楽しむ」ことが「学ぶ」きっかけとなるような循環が重要だと考えるのである。

したがって、遺跡でおこなわれる活動が一過性のものにとどまるのではなく、参加者自身でつくり上げる遺跡整備の一部となり、妻木晩田遺跡における活動の蓄積となっていくよう工夫する必要があろう。たとえば、基本計画では、竪穴住居の焼失実験や弥生時代に利用された樹種を中心にした森づくりを企画しているが、これは単に行政だけでやっても意味がない。多数の参加者によっておこなわれるべきものであろう。毎年おこなっている自然観察会も、単なる観賞にとどまっていてはもったいない。植生マップや図鑑や標本に結実するような形で進めたり、地域の民俗誌を紐解くする形で進めたりするならば、より有意義な活動に発展していくに違いない。

また、活用事業のなかで重要な役割をはたしているのがボランティアガイドの皆さんだ。現在、「妻木晩田遺跡ボランティアガイドの会」の会員のていねいで親しみのもてる遺跡案内は好評をいただいている（図84）これは定時解説を基本としており、四月から十一月の七カ月間、平日は午後一時三〇分から解説を希望する見学者に対し、洞ノ原地区を中心に遺跡案内をおこなっている。

図84　ボランティアガイドによる遺跡案内

土、日、祝日は午前一〇時三〇分からと午後一時三〇分からの二回おこなっている。この他、年間を通じて予約受付もしており、事前に申し込みいただいた団体については、十二月以降であっても希望の日時に遺跡案内をしている。ガイドの会の活動は、妻木晩田遺跡の新しい魅力を発信する重要な一翼を担っている。

4　よりよい整備活用に向けて

初期整備をおこなってきたこの数年間は、設計や施工といった具体化レベルの作業を進める一方で、数々の調査や計画の検討も同時進行しており、公開、活用事業もおこなうという状況で進んできた。そのため、検討不足のまま実施せざるを得なかった面も多かったし、調査結果を受けて考え方を変えざるを得なかった面もあった。後から考えれば、もっと工夫できる余地もあったし、反省点も多々ある。しかし、調査、整備、活用がそれぞれ別個に存在するのではなく、たがいが密接に関係しあっている点を実感した点は非常に重要な収穫である。

復元整備に向けた検討作業のなかで集落構造に理解が及んだ。これによって、発掘調査課題はより明確になっていった。竪穴住居の復元や維持管理に実体験としてかかわっていくなかで、年々工夫が進んだし、新たな調査課題が浮かび上がり、調査方法の改良を促したこともある。調査や復元の過程で判明する過去の人間活動は、現代人にとってさまざまな示唆や感動を与えうる点も実感した。それらの情報を活用事業に取り入れたメニューもある。活用事業を実施するなかで整備すべき内容が明確になり、さまざまな見学者のニーズが寄せられるなかで、整備計画に反映できたものもある。

一般的には、調査、整備、活用という時系列で位置づけられているが、この三者の循環作用を重視するならば、各事業は、非効率に見えても小規模なものを継続していくことがよいと思われる。もちろん長期的な展望や戦略を大前提とするが、個別には二、三年のスパンで一定の成果が出せるような規模の活動がよい。その都度評価や必要な軌道修正をおこなっていくことが持続的な事業の基盤となっていくだろう。

これら三つの要素がたがいにその成果を吸収しあい、より充実していくという好循環が維持されるならば、それは一つの理想に違いない。しかし、そのレベルに達するためには、十分な議論を重ねて共通認識を醸成するとともに、過程を踏んだ経験やノウハウの積み上げが必要である。これは、史跡にかかわる行政、市民、研究者のいずれのメンバーにとっても当てはまる。

妻木晩田遺跡における最大の課題は、まさにこの点である。初期整備期間に積み重ねてきた試行錯誤を今後に活かすためには、さまざまな場面で好循環を生み出すための体制作りやパートナーシップの構築が必要だ。地域住民や関係機関との連携をより強化していかなければならないし、事務的な面でもより円滑な方法が必要である。関係者の意識改革やスキルアップも重要な課題であって、組織的に取り組まなければならない。そして、何より、議論を交わしてたがいに考え方を練り上げることが重要だ。そのためには、遺跡の魅力や特長の根源を追求し、現地主義に徹することである。

広域に保存された妻木晩田遺跡は、弥生時代集落の空間的な広がりや構造を、そこに住み暮らした弥生時代の人びとと同じスケールで見て歩き、感じることができる点が最大の魅力である。また、遺構の残りの良さは、広域に調査されたことと相まって、集落を構造として理解し、実証的に復元することを可能にしている。そして、それらが総体として、地域の自然環境のなかで守られてきたという歴史性を忘れてはならない。

遺跡の情報や魅力を最大限に活かしながら、遺跡を活用していくためには、その根源を一つ一つ掘り起こし、評価していく作業が欠かせない。その積み重ねが、活動拠点たる遺跡の揺るぎない基盤になっていくだろう。情報発信そのものはきわめて重要だが、そこにいたる基盤づくりが最も必要なのだ。妻木晩田遺跡が「語ること」を忠実に汲み上げ、それに学び、伝えていくことが今最も求められていることだと感じる。

私なりにそれらを大きく三点にまとめると、

一、地域社会の成立に密接にかかわり、その過程を生き生きと伝える弥生時代の集落遺跡であること

二、人と自然環境のかかわりの歴史的産物であること

三、地域の豊かな生態環境であることとなる。もちろん、古墳なども重要なのだが、この三点が妻木晩田遺跡の価値の根源と考える。

本書はそれぞれの一部をほんの少し明らかにできたにすぎない。まだまだ明らかになっていないことは多いし、知りたいことも尽きない。その豊かさに匹敵するくらい、私たちの発想を豊かにしていくならば、妻木晩田遺跡は、その欲求に応えてくれるに違いないのである。

【妻木晩田遺跡案内】

◎妻木晩田遺跡現地事務所展示室

住所　鳥取県西伯郡大山町妻木1115-4（〒689-3324）
　　　Tel　0859-37-4000
　　　E-mail　mukibanda@pref. tottori. jp
　　　URL　http://www. pref. tottori. jp/bunka/mukibanda/

開館時間　午前９時～午後４時
休 館 日　年末年始（12／29～１／３）
入 館 料　無料
展示内容　妻木晩田遺跡出土品、復元模型などの常設展示。
　　　　　体験学習、イベントの成果や発掘調査の速報展示を随時おこなっている。

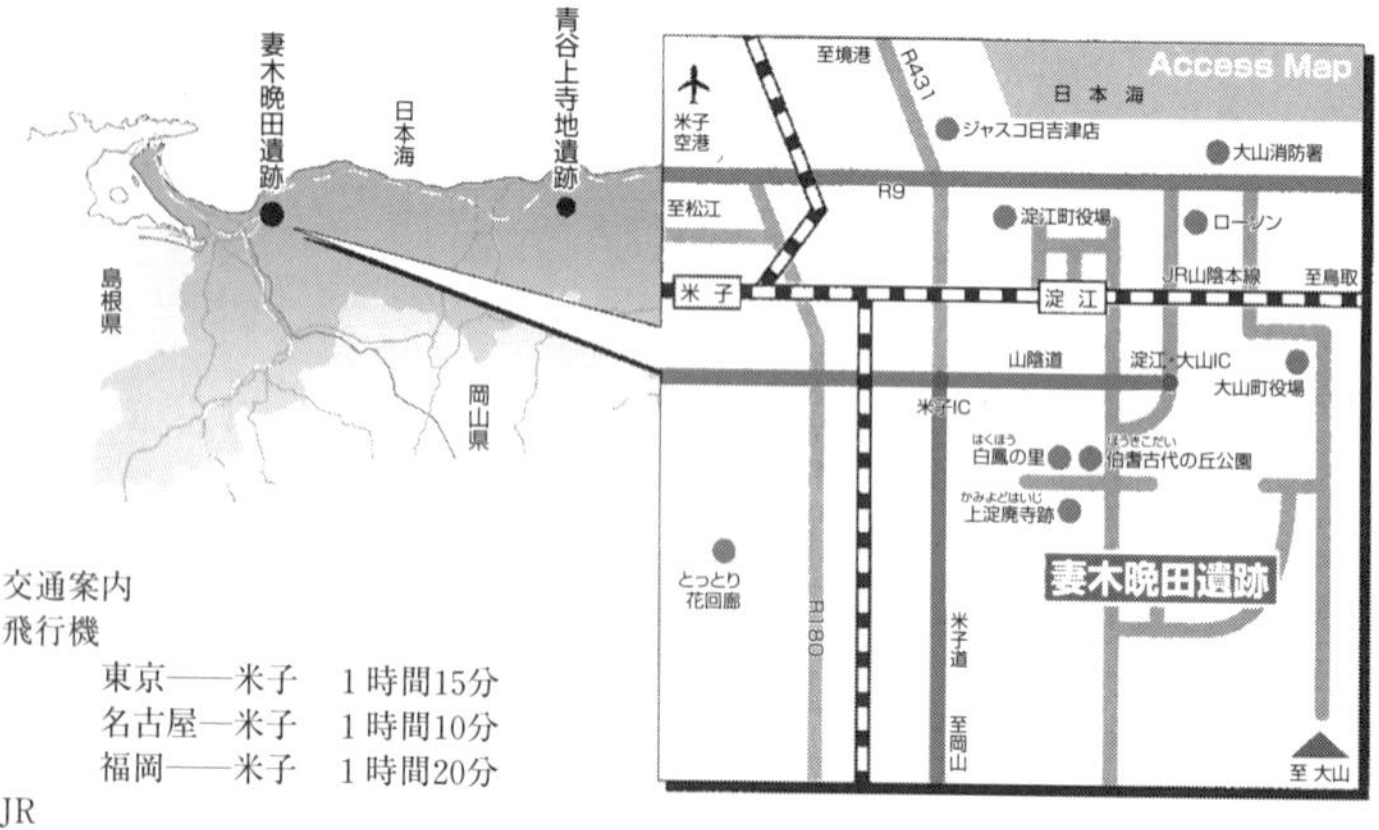

交通案内
飛行機
　　東京――米子　１時間15分
　　名古屋―米子　１時間10分
　　福岡――米子　１時間20分
JR
　　新大阪駅―米子駅（新幹線、伯備線経由）約２時間40分
　　大阪駅――鳥取駅（智頭線経由　特急）約２時間30分
　　鳥取駅――米子駅（山陰本線　特急）約１時間10分
　　米子駅――淀江駅　12分
　　米子駅――大山口駅　20分
車
　　中国縦貫道　落合 JTC より　60分
　　山陰道　淀江・大山 JTC より　５分
　　米子駅より　25分
　　淀江駅より　５分
　　大山口駅より10分
　　米子空港より35分

参考文献

秋山浩三　二〇〇五「弥生大形集落断想（上）（下）」『大阪文化財研究』第二七号、二八号、大阪府文化財センター

浅川滋男　二〇〇〇「妻木山地区ＳＩ―43の上部構造―焼失竪穴住居復原研究―」『妻木晩田遺跡発掘調査報告Ⅳ』大山スイス村埋蔵文化財発掘調査団・大山町教育委員会

浅川滋男他　二〇〇一「縄文集落遺跡の復原―御所野遺跡を中心に―」『竪穴住居の空間と構造』国際日本文化研究センター千田研究室

大村俊夫　一九八六「鳥取県の遺跡保護問題」『山陰考古学の諸問題―山本清先生喜寿記念論集』同刊行会

赤木三郎　一九九二「淀江町福岡遺跡の自然環境」『福岡遺跡』財団法人鳥取県教育文化財団

岩田文章他編　二〇〇〇『妻木晩田遺跡　洞ノ原地区・晩田山古墳群発掘調査報告書』淀江町教育委員会

蔭山誠一　二〇〇三「古代建物の環境―岐阜県関市塚原遺跡・静岡県浜松市伊場遺跡の復元建物の温湿度測定―」『美濃の考古学』第六号

倉光清六　一九三二「縄紋式土器を発見せる伯耆地方の弥生式遺跡について」『考古学雑誌』第二二巻第四号～六号

小林行雄　一九五一『日本考古学概説』東京創元社

佐古和枝編　一九九九『海と山の王国―妻木晩田遺跡が問いかけるもの―』同刊行会

佐古和枝　二〇〇四「妻木晩田遺跡の理解のための基礎作業」『考古学に学ぶ（Ⅱ）』同志社大学考古学シリーズⅧ

佐々木謙他　一九六二『馬山古墳群』稲葉書房

佐々木古代文化研究室　一九六四『福岡古墳群』稲葉書房

佐々木古代文化研究室　一九六五『ひすい』佐々木古代文化研究室月報集（一～一〇〇号）

佐原　眞　一九九九「卑弥呼は縦穴住居に住んでいた」『海と山の王国―妻木晩田遺跡が問いかけるもの―』同刊行会

山陰考古学研究所　一九六九『福市遺跡の研究』
新編倉吉市史編集委員会編　一九九六『新編倉吉市史』第一巻古代編、倉吉市
清家　章　二〇〇二「折り曲げ鉄器の副葬とその意義」『待兼山論叢』第三六号史学篇
高尾浩司　二〇〇六「鉄器保有状況にみる最盛期の集落構造―居住単位間の比較から―」『史跡妻木晩田遺跡妻木山地区発掘調査報告書―第八・一一・一三次発掘調査―』鳥取県教育委員会
高田健一　二〇〇三「妻木晩田遺跡における弥生時代集落像の復元」『妻木晩田遺跡発掘調査研究年報二〇〇二』鳥取県教育委員会
高田健一　二〇〇四「妻木晩田遺跡における鉄器生産に関する覚え書き」『妻木晩田遺跡発掘調査研究年報二〇〇三』鳥取県教育委員会
高田健一　二〇〇五「妻木晩田遺跡第4次発掘調査出土の鉄製品について（補遺）」『妻木晩田遺跡発掘調査研究年報二〇〇四』鳥取県教育委員会
高田健一　二〇〇五「鳥取県西部における弥生時代後期の集落像」『待兼山考古学論集―都出比呂志先生退任記念』大阪大学文学部考古学研究室
高田健一　二〇〇五「妻木晩田遺跡のより良い整備・活用に向けて」『遺跡学研究』第二号
高田健一編　二〇〇五『史跡妻木晩田遺跡整備事業報告書二〇〇〇～二〇〇四』鳥取県教育委員会
田中義昭　一九九八「中海・宍道湖岸西部域における農耕社会の展開」『出雲神庭荒神谷遺跡』島根県古代文化センター
都出比呂志　一九八九『日本農耕社会の成立過程』岩波書店
鳥取県教育委員会編　一九七九『鳥取県の風土と一体化した歴史的環境の広域地域保存計画　その1―因幡国府地区、伯耆国府地区、孝霊山地区―』
鳥取県教育委員会編　二〇〇〇『むきばんだをみんなで楽しもう―むきばんだ遺跡フォーラム in 鳥取Ⅰの記録―』

鳥取県教育委員会編　二〇〇三『史跡妻木晩田遺跡整備活用基本計画報告書』
鳥取県教育委員会・株式会社ウェスコ　二〇〇二〜二〇〇五『史跡妻木晩田遺跡地内環境基礎調査業務報告書』（その1〜その4）
鳥取県埋蔵文化財センター　二〇〇三『上代因伯史　考古編—京都大学考古学研究室遺跡調査資料集—』鳥取県教育委員会
豊島吉則・赤木三郎　一九九三「淀江町井手胯遺跡および周辺の自然環境」『井手胯遺跡』財団法人鳥取県教育文化財団
中原　斉　二〇〇一「妻木晩田遺跡発掘調査研究史」『妻木晩田遺跡発掘調査研究年報二〇〇〇』
中村唯史他　一九九七「淀江平野の地下地質と淀江潟の復元」『LAGUNA汽水域研究』No.4、島根大学汽水域研究センター
沼田　眞　一九九六「景相生態学の基礎概念と方法—自然保護との関連とともに—」『景相生態学—ランドスケープエコロジー入門—』朝倉書店
濵田竜彦　二〇〇三「伯耆地域における弥生時代前半期の環濠を伴う遺跡について」『関西大学考古学研究室開設五十周年記念考古学論叢』同刊行会
濵田竜彦　二〇〇三「伯耆地域における弥生時代中期〜古墳時代前期の集落構造」『日本考古学協会二〇〇三年滋賀大会資料集』同実行委員会
濵田竜彦　二〇〇四「弥生時代の集落と建物の復元—妻木晩田遺跡と青谷上寺地遺跡—」『弥生のすまいを探る—建築技術と生活空間—』鳥取県教育委員会
濵田竜彦編　二〇〇三『史跡妻木晩田遺跡第四次発掘調査報告書』鳥取県教育委員会
濵田竜彦・高田健一編　二〇〇五『日本海をのぞむ弥生の国々』編集工房遊
原　広司　一九九八『集落の教え一〇〇』彰国社

藤田憲司　一九九九「洞ノ原遺跡の時代の山陰（講演録）」『海と山の王国―妻木晩田遺跡が問いかけるもの―』同刊行会
藤田憲司　二〇〇五「妻木晩田集落試論」『考古論集―川越哲志先生退官記念論文集―』川越哲志先生退官記念事業会
牧本哲雄　二〇〇二「妻木晩田遺跡の焼失住居について」『妻木晩田遺跡発掘調査研究年報二〇〇一』鳥取県教育委員会
馬路晃祥・濵田竜彦　二〇〇三「妻木晩田遺跡における竪穴住居跡調査方針（案）」『妻木晩田遺跡発掘調査研究年報二〇〇二』鳥取県教育委員会
馬路晃祥編　二〇〇六『史跡妻木晩田遺跡妻木山地区発掘調査報告書―第八・一一・一三次発掘調査―』鳥取県教育委員会
松井　潔　一九九六「山陰東部における後期弥生墓制の展開と画期」『考古学と遺跡の保護―甘粕健先生退官記念論集―』
松井　潔　一九九九「因幡・伯耆・出雲の墓制」『季刊考古学』第六七号、雄山閣
松木武彦　二〇〇二「三世紀のキビのクニ」『シンポジウム記録三　三世紀のクニグニ・古代の生産と工房』考古学研究会
松本岩雄　二〇〇二「田和山遺跡の空間構造」『建築雑誌』第一一七巻一四八八号、日本建築学会
松本　哲他編　二〇〇〇『妻木晩田遺跡発掘調査報告書Ⅰ～Ⅳ』大山スイス村埋蔵文化財発掘調査団・大山町教育委員会
宮本長二郎　一九九九「妻木晩田遺跡の建物」『海と山の王国―妻木晩田遺跡が問いかけるもの―』同刊行会
村上恭通　二〇〇〇「妻木晩田遺跡出土の鉄製品について」『妻木晩田遺跡発掘調査報告Ⅳ』大山スイス村埋蔵文化財発掘調査団・大山町教育委員会

村上恭通　二〇〇〇「弥生時代の鉄器普及に関する一試論―日本海沿岸を対象として―」『製鉄史論文集』たたら研究会
若林邦彦　二〇〇一「弥生時代大規模集落の評価―大阪平野の弥生時代中期遺跡群を中心に―」『日本考古学』第一二号

※妻木晩田遺跡に関するもの以外の発掘調査報告書は割愛した。ご容赦賜りたい。

あとがき

妻木晩田遺跡についてトータルな文章を書くのは、これがはじめてである。私にその資格があるかどうか疑問だが、この遺跡にかかわった一人としては、なんらかのまとまった意見を書いておく責任があると思っていた。

私が妻木晩田遺跡の担当であったのは、二〇〇二年四月から二〇〇五年三月までのわずか三年間しかない。妻木晩田遺跡現地勤務を命じられ、基本計画策定に関する業務を与えられた。能力を超えた苦しい作業だったが、妻木晩田遺跡の奥深さに触れることができた点は、大きな収穫だった。

妻木晩田遺跡にかかわる以前には、古墳の調査に参加することが多かったし、深さ一〇チ《セン》ほどまで削られた竪穴住居しか見たことがなかった。人の生きた証をこれほど生々しく感じることができる遺跡は、それほど多くないだろう。広大な史跡指定地には、弥生人たちが住んだ村、死者を弔った墓、利活用した自然環境までもが含まれている。このような条件に恵まれた遺跡というのは、なかなかない。そのポテンシャルを高め、生き生きと表現する作業は、今後の大きな課題でもあり、同時に楽しみでもある。この遺跡の魅力を多くの人に知ってもらいたいし、さらに深く追求してみたいと思う。

本書は、私一人の成果ではもちろんない。第一次調査で苦労された方々のご努力があってこそ、今の妻木晩田遺跡がある。保存に尽力された多数の市民、研究者の方々も同様である。まずこのことを忘れてはならない。

一人一人お名前を挙げられないが、妻木晩田遺跡保存活用検討委員会の委員、妻木晩田遺跡整備活用検討委員会の委員、発掘調査委員会の委員の方々から、さまざまな点で指導、助言、叱咤、激励をいただいたことが基礎になっている。

ともに妻木晩田遺跡で働いたすべての方々に感謝申し上げる。とくに、濵田竜彦、高尾浩司、馬路晃祥の各氏は、日常的な討論のなかでつねに刺激を与えてくれ、本書の執筆にあたってもご協力いただいた。中原斉氏とはごく初期にしか職場をともにする機会がなかったが、つねによき相談役として接してくれた。自然環境調査や古環境調査の場面でつねに私たちを支えてくれた渡邊正巳氏、株式会社ウェスコの調査員の皆さんにもこの場を借りて感謝申し上げたい。

また、鳥取県教育委員会、鳥取県埋蔵文化財センターからは多くの図面、写真などをご提供いただいたり、引用を許可いただいたりした。

執筆の機会を与えてくださった坂井秀弥氏には、鳥取県教育委員会在職中にもさまざまな励ましをいただいた。この点は禰宜田佳男氏も同様である。心から感謝したい。転職のタイミングと重なって大幅に執筆が遅れた。辛抱強く待っていただいた同成社の方々にもお詫びとお礼を申し上げる。

菊池徹夫
坂井秀弥　企画・監修「日本の遺跡」

16　妻木晩田遺跡《むきばんだいせき》

■著者略歴■

高田　健一（たかた・けんいち）

1970年、鳥取県生まれ
大阪大学大学院文学研究科博士後期課程（史学専攻）単位取得退学
現在、鳥取大学地域学部講師
主要論文等
「古墳時代銅鏃の生産と流通」『待兼山論叢』第31号史学篇、1997年
「弥生時代の銅鏃の地域性と変革」『古代武器研究』Vol.3、2002年
「妻木晩田遺跡における弥生時代集落像の復元」『妻木晩田遺跡発掘調査研究年報2002』2003年
「鳥取県西部における弥生時代後期の集落像」『待兼山考古学論集』2005年

2006年11月10日発行

著　者　高田《たかた》　健一《けんいち》
発行者　山脇　洋亮
印刷者　亜細亜印刷㈱

発行所　東京都千代田区飯田橋4-4-8　東京中央ビル内　(株)同成社
TEL 03-3239-1467　振替 00140-0-20618

ISBN4-88621-373-1 C3321

シリーズ

日本の遺跡

菊池徹夫・坂井秀弥　企画・監修

四六判・定価各一八九〇円

【既刊】

【続刊】